U0066895

李白的人生哲學

——詩酒人生

《中國人生叢書》前言

中國聖賢是一個神聖的群體。他們是思想智慧的化身，道德行為的典範，進取成功的象徵。他們或者以自己的思想學說影響歷史，併構成民族性格與靈魂；或者他們本身即親身創造歷史，留下光照千秋的業績。

但歲月流轉，時代阻隔，語言亦發生文句變化。更不用說人生代代無窮已，歷來學問家詮釋演繹聖賢學說，形成衆多門戶相左的學派，同時又相應神化聖賢事跡。於是，聖賢便高居雲端，使常人可望不可及，只能奉為神明，頂禮膜拜。

然而，消除阻隔，融匯古今，無論學問思想，或者智勇功業，如此二者常常並不是分離的，且必然是人生的，為社會人生而存在的。這就是聖賢學說、智略、勇氣、運籌、奔走、苦鬥、成功的經驗、失敗的教訓，乃至道德文章，行為風範，也體現為一種切實的人生。因為聖者賢者也是人。

這是一種存在，無須多說甚麼。但存在對每一個人並不意味著親切，也不意味著自覺。我想聖賢人生與我們這些凡夫俗子的人生加以聯繫。聖賢不正是一個凡夫俗子，經許多努力，經許多造就，才成其為聖者賢者的嗎？

當然還有一個重要方面，時世使然矣，這就是歷經漫漫千年的中古時代，又歷經憂患求索的百年近代，世界文化已在衝擊中國人的生存方式。該如何確立中國人的人生路，我總認為無論是作為一種一脈相承的文化淵源，還是作為一種參照與啟迪都莫如了解中國聖賢人生，莫如將我們平凡的人生從聖賢人生與學說找到佐證，找到圭臬。所謂古人不見今時月，今月曾經照古人。正是由此理解，由此思忖，我嘗試撰寫了《莊子的人生哲學》，問世以來即引起讀者的關注與歡迎。並且成為我組織一套《中國人生叢書》的直接引線。

我大致想好了，依然如《莊子的人生哲學》一樣，一書寫一聖賢人物。我還不揣譾陋，以我的《莊子的人生哲學》為範本，用一種隨筆的文體與筆調，古今結合，史論結合，聖賢人生與凡生結合，我還要求每一位作者對他所寫的聖賢人物，結合自己的人生閱歷對聖賢寫出獨特的人生體驗。我請了我的多位具卓越才識的朋友，他們都極熱心地加盟這套書的寫作，並至順利完成。

現在書將出版了，我需感謝我的朋友們，感謝出版社，希望更多的讀者喜歡他。

揚帆

目錄

從政篇 62

目錄

婚戀篇 291

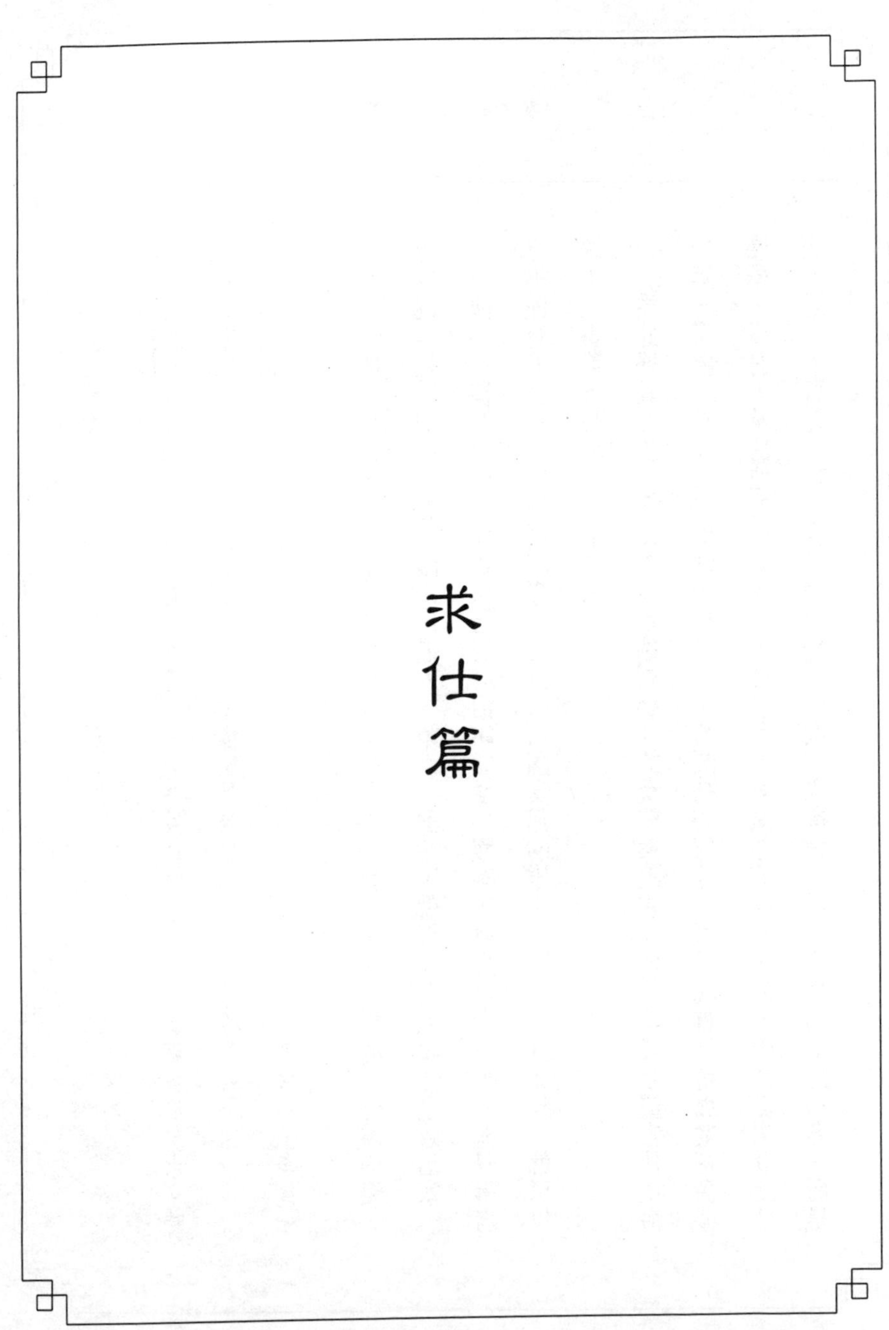

求仕篇

大鵬一日同風起，扶搖直上九萬里。假令風歇時下來，猶能簸卻滄溟水。時人見我恆殊調，聞余大言皆冷笑。宣父猶能畏後生，丈夫未可輕年少。

——李白《上李邕》

在一般人眼裡，李白是謫仙，是天上掉下來的詩人，才情橫溢，行爲浪漫，可以說他是遊俠、刺客、隱士、道人、策士、酒徒，就很少有人說他是政治家。李白卻不這樣看自己，他對自己的政治才能從不懷疑，而且自命不凡。他覺得自己不僅有濟世利民的崇高理想，而且有治國安邦的雄才大略，一旦從政，就可以做出一番驚天動地的大事業來。

爲此終其一生，他從未停止過對出仕的渴望與追求。他把功業名望當作生命的第一需要，當作人生價值中最可貴，最閃亮的部分。可是現實又是那麼吝嗇與殘酷，沒有人承認他的政治才幹，更沒有人賞識他的政治才幹，因此從未登上仕途，過一下官癮。好不容易爭取到一兩次從政機會，可是收穫的不是功名，而是嘲弄與羞辱，最終被政治所拋棄。

從李白漫長不倦的求仕過程中，我們可以看到他的濟世宏願。可以看到他的激情與心計，可以看到他的失敗與痛苦，也可以看到他的個性與人格。

大路不走走小路

暮從碧山下，山月隨人歸。
卻顧所來徑，蒼蒼橫翠微。
相攜及田家，童稚開荊扉。
綠竹入幽徑，青蘿拂行衣。
歡言得所憩，美酒聊共揮。
長歌吟松風，曲盡河星稀。
我醉君復樂，陶然共忘機。

——李白《下終南山過斛斯山人宿置酒》

李白的青壯年正值大唐帝國的鼎盛時期，高度的物質文明和精神文明，以及較爲合理的選人用人制度，使得當時的知識分子普遍地具有昂揚的精神狀態和積極的從政願望，都想在這太平盛世，施展自己的才華，實現自己的人生價值，而且對自己的前途一般都充滿著信心。

李白自小就有濟世利民的政治抱負，希望做帝王的輔弼大臣，使國家強盛，社會安定，人民過著和平安寧的生活。可是在入仕的道路上，顯示出強烈的個性，他不願走極大多數士子所走的常規道路，而要走極少數人走的特殊道路，哪怕這條道路上充滿著荆棘風險，也在所不辭，這就是俗話說的大路不走走小路。

棄科舉之途

大唐帝國在繼承隋朝的科舉制度的基礎上，增添了新的花樣，使其更加完備。不僅設有進士、明經等常規考試，還設有賢良方正、直言極諫等名目繁多的制科考試。不管是常科，還是制科，都是在考試成績上見分曉，比較公平，這就給出身寒門、庶族及商人的士子提供了出仕的方便途徑，因此受到中下層知識分子的歡迎。他們父教其子，兄教其弟，一心一意往科舉道路上奔，而且大多具有這樣的心態：考取了是自己的造化；考不取，只怪自己本領不到家，或者命運不好。即使屢試不第，耗盡青春，老死文場，也無怨無悔，只有認命。

按說，李白出身於商人家庭，又是從西域遷來內地不久，既無政治背景，又無人緣關係，此種選人用人制度對他是極爲有利的，彷彿是爲他而設的，應該抱有濃厚的興趣和強烈的希望才對頭。

出乎意料的是，李白對科舉一途表現出絕對的，異乎尋常的冷淡。他心中盤算，由科舉得官，登上高位，甚至做到宰相者，確實大有人在；但是困於場屋，一輩子不得出頭者更是多數。這從他衆多的送友人應舉落第回鄉或還山的詩作中，也可看出一點眉目。也就是說，在科舉這條路上競奔的人，成功者是少數，失敗者是多數。失敗者的慘重損失與難堪的境遇可以想見，就是成功者所付出的代價也是不可估量的。別的不說，單說這十年，乃至數十年的寒窗苦讀，就是要人忍受的。它不但要失去很多樂趣與享受，還會扼殺多種多樣的天賦與才情。換回來的雖然有名利，卻也有白髮。名利究竟是身外之物，可無可有，白髮卻標誌著生命的衰落，無可挽回，兩相權衡，可謂得不償失。這就是晚唐詩人趙嘏所諷刺的：

太宗皇帝眞長策，賺得英雄盡白髮。

李白天生的浪漫不羈，哪能甘願去受這長時的折磨，即使成功率再大，他也不願意去鑽這個無形的牢籠，甚至一想到此種苦處，便全身起雞皮疙瘩。

爲此李白一生從未產生過應試的念頭，不管勝利者的慶典鬧得怎樣的驚天動地，他總是無動於衷，置若罔聞。

據說唐太宗曾微服來到端門，看到新登第的進士魚貫而出，不禁脫口說出一句意味深長的話：「天下英雄入吾彀中矣。」意思是說，科舉一試行，普天下的英才就進入了我的牢籠了。

他哪裡想得到在他和他的子孫的臣民中，就有像李白這樣的不羈之才，不願意進入他設計的牢籠，或者說圈套中。

走終南捷徑

李白既渴望參與政治，實現自己濟世利民，報效國家的政治思想，卻又不願意走科舉一途，那就必須另擇從政的道路。

在科舉制度已經大力推行，並被視爲取士的正途與通途的當時，別的出仕渠道，雖然存在，卻是非常少，非常狹窄。比如所謂的「終南捷徑」就是一條充滿著艱險也充滿著誘惑力的科舉之外的進身之路。

說到「終南捷徑」，似乎還應該說說它的來由。

據說跟陳子昂很要好的初唐文學家盧藏用，已考中進士，卻久未授官。只得暫時隱居於終南和少室二山，並且開始學習道教的辟谷、導引、煉丹那一套。可是心裡總是希望朝廷能徵召他，人們便給了他一個綽號，叫他「隨駕隱士」，意在諷刺他身在山林，心卻在皇帝身邊。至中宗朝他終於以高士的名目被召，官做到吏部侍郎，很是風光了一陣。

後來著名道士司馬承禎，被皇帝召至長安，還山的時候，盧藏用將他送出終南山。盧大概對終南山有著特殊的感情，便指著終南山對司馬承禎說：「這裡面有很多美妙之處。」司馬承禎卻慢條斯理地說：「依我看來，這裡面不過是仕官的捷徑罷了。」

很明顯，還是這個老道委婉地譏諷盧藏用通過隱居終南而獲取高官厚祿。從此「終南捷徑」也就專指不通過正常途徑而輕易快捷地取得官職與名利的特殊門徑。

其實，這一進身之法，倒也無可厚非，因爲從某一方面說，它倒是包含著無背景無靠山的下層知識分子的辛酸。

遠的不說，單說唐代科舉的哪一個環節沒有託人情、走後門的事。王維的登第，就靠岐王的巧作安排。後來的杜牧，竟有人爭著給他疏通關節。

這盧藏用即使考上了進士，卻久不授官，不得已用此迂迴之術爬上仕途，也是憑著自身的心計而達到目的。這本不願學道，僅僅是作爲求官手段的學道生活，想來也不可能是愉快的，其中的委屈與苦處不爲外人所知罷了。

如此說來，盧藏用當年也用不著羞愧，司馬承禎也沒有資格諷刺人。你司馬承禎還不是因學道聞名，才得到皇上的召見，從而身價百倍嗎？

話說回來，這條途徑不僅快捷便利，而且充滿著戲劇性、刺激性，因此具有某種誘惑力。不過這條捷徑也不是想走就走得通的，成功者究竟是極少數，要不然誰還願耗費一輩子精力去走科舉一途呢。因此想走這條路的人，必須有膽識，有才氣，要有信心，還要有冒險精神。而這一切正適合李白的胃口。因此，對於科舉一途，他從未正眼一看，一心一意走他的「終南捷徑」。

成功者向他招手

李白的棄科舉之途，走終南捷徑，也不是空想，是有一定的社會背景作依據的。

當時除科舉之外，還有所謂「制舉」，是天子直接選用天下逸才，以補科舉之不足的用人制度。據《新唐書·選舉志》記載，天子可以「自詔四方德行，才能，文學之士，或高蹈幽隱與其不能自達者，下至軍謀將略，翹關拔山，絕藝奇伎，莫不兼取」。朝廷要求各級政府隨時發現並推薦這些未被科舉網羅進來的特殊人才。每月推薦，皇帝或宰相直接接待，親加考問，果有眞才實學者，直接授官。

自唐初至李白的時代，不走科舉之途，由布衣直接授以京官，而且身居高位者，大有人在。這些成功者就是李白追求的目標，他們一個個彷佛都在向李白招手，鼓勵他走終南捷徑。

這裡不妨說上幾位。

馬周

馬周是唐初有名的謀士。自小失去父親，家裡很窮，但用心讀書，尤其是對《詩經》與《春秋》很有研究。但為人曠達，不拘小節，常常遭到別人的譏議，甚至污辱。

後來到了長安，寄食於中郎將常何家中。貞觀五年，唐太宗下詔，要求百官議論朝政的得失。常何是個武官，文化程度不高，不知道說些什麼好，馬周便給他準備了二十幾條意見。太宗聽了常何的竟見，以為看事深刻，條理清晰，切合實際，與他平日的言談大不一樣，不免有點奇怪。常何只得坦然相告，這是他家的門客馬周給他準備的。

太宗於是立即召見馬周，來遲了還接連派使者敦催。等見了面，與他談上一席話，太宗大為高興，當即命官，第二年拜為監察御史。為了表揚常何發現了馬周這一人才，太宗特賜帛三百段。

由於馬周論事，通情達理，機辯明銳，處理問題，周備愼密，多有建樹，聲譽很高，很受太宗的寵愛。太宗經常說：「我只要暫時見不到馬周，就很想他。」這樣，他的官職就連升直升，做到宰相。

馬周後來病了，唐太宗不僅去看他，還親為調藥。死後，還請方士使法術召見他的亡魂，想看看他生前的形貌。為了滿足太宗對他的思念，後來還得以陪葬昭陵。

馬周由布衣而為卿相的發跡道路，以及他的功績與榮耀，對青年李白無疑是一個誘惑。

房琯與呂向

房琯，出身於官宦家庭，他的父親在武后時曾經為相，有著優越的社會背景，如果走科舉道路，成名的時日不會太晚。可是他就不進試場，而要冒險走終南捷徑。

他與呂向共同隱居在陸渾山，閉門讀書，十年不出。到了開元中，寫了一篇「封禪書」，帶著它去見當時的宰相張說。張說以為是一個奇才，立即推薦他做了校書郎。不久由縣令而監察御史，而試給事中，步步高升。

天寶以後，又為玄宗整治開發驪山，由一個普普通通的溫泉，建設為一個規模宏偉的天子行宮。安史亂起，躍身為宰相，成了當時政治舞台上的一個活躍人物與是非人物。

其是非功過，且不去評說；他只憑著隱居十年的功夫即做到宰相的進身之路，對李白來說，無疑是見到眼饞，想到心癢的。

與房琯一起隱居陸渾山的呂向，也是一個終南捷徑上的勝利者。

他出身貧苦，很小就失去父母。他能夠隱居於陸渾山讀書，還是託外祖母之力。

他讀書非常刻苦，沒有錢買書，便從山中挖藥材去賣。為此學問長進很快，沒有多久，便學通古今。他還工書法，其草書能夠一筆環寫一百個字，像糾結不斷的頭髮，世稱「連綿書」。

就憑這學問與書法，他得到了別人的推薦，召入翰林，教太子及諸王寫文章，深得玄宗好評。後來官做到中書舍人，工部侍郎，那就是副部長級的官員了。

李白對呂向的業績，未必放在眼中，但對其所走的道路卻不能無動於衷。

揣摩揚名術

天生我材必有用，千金散盡還復來。

——李白《特進酒》

本為貴公子，平生實愛才。
感時思報國，拔劍起蒿萊。
西馳丁零塞，北上單于台。
登山見千里，懷古心悠哉。
誰言未忘禍?磨滅成塵埃。

——陳子昂《感遇詩》

走終南捷徑的首要一著，就是使自己盡快出名，即使不能揚名全國，也要揚名於一個地方，因爲只有在社會上造成一定的名聲，才可能被朝廷徵召。

至於如何出名，那是很有研究的。如果只憑自己默默地做出一番事業而自然成名，那是遙遙無期的事，不知要熬到哪年哪月；再說無名之輩要成就事業又談何容易。爲此如何在盡可能短的時間裡，使自己由默默無聞而嶄露頭角，再名揚天下，便是所有走終南捷徑者所要處心積慮，並須付諸實踐的事。李白自然不能例外。

爲盡快出名，李白做了充分的準備。其中重要一項，就是向前人學習，特別注意向東漢以來的名士的求名求中吸取經驗。

說來也怪，廣告是現代商戰中的產物，它的原理及其應用，早在我國古代就有人通曉，並且運用自如了。那些東漢以來的所謂名士，就是憑自己的特異、詭譎的言行，提高自己的知名度，以求得社會的承認。這就是爲自己做廣告，向社會推銷自己，求得公府和朝廷的徵辟，躋身仕途。

下面的一些人和事，就是李白所要揣摩和效法的。

標立特異德行

東漢時代有一個叫戴封的學子，正在當時的最高學府太學學習。他的老師申君死了，他一個人將老師的靈柩從洛陽護送回老師的家鄉東海（今山東、江蘇交界處）。途經自己家的時候，父母正準備給他娶妻，可是他到家後只拜過雙親，立即回京師完成學業，連在家住一個晚上也不願意。

不久，他的一個叫石敬平的同學又得病死了，戴封親自爲之殯殮，並用自己帶來的糧食換了一口小棺材，護送回石家。石家開棺重新入殮時，看到自己的兒子從家裡帶去的書籍及其他生活用品，都平平整整地放在棺木中，大爲驚異，以此對戴感激不盡。

後來戴封又遇上強盜，財物被搶劫一空，只有七匹縑（細絹），沒有被發現。戴封索性追上這些盜賊，將這七匹縑全都給了他們，並說：「我知道你們很窮，特將這些也送給你們。」這些竊賊感到驚異，說他是個好人，便把搶來的東西全部還給了他。

從此戴封就有了尊師、篤學、重義、輕財等好的名聲。後來皇帝下詔求賢，郡守便向朝廷舉薦了他。結果公車徵召，廷試對策第一，官做到中山相和太常卿。

這便是先以異乎尋常的德行給自己做廣告，從而揚名於一時一地，從而取得高官厚祿的一個典型。

使用怪招

東漢還有一個叫向栩的讀書人，平日瘋瘋癲癲，常常披頭散髮，戴著紅色頭巾，呆坐在板床上，一動也不動，乃至板床上留下了他膝、踝與腳指的印跡。平時不愛說話，而愛長嘯，客人來了連看都不看一眼。有時騎驢上街，竟然向人乞討；還常邀一些乞兒到家裡來住，好酒好肉招待他們。

他讀書只讀《老子》。收了幾個弟子，以孔子弟子的名字給他們命名，有叫顏淵的，有叫子貢的，有叫季路，有叫冉有的。

這些無疑都是怪異詭譎之舉，可他就是憑這些出了名。郡守舉薦，公府徵辟，他還故作姿態不赴召。直到朝廷特徵，他才進京，不久便拜爲趙相。

在東漢時代，憑種種手段揚名邀譽，等待朝廷徵辟的人不在少數，以致形成一種習尙，這就是所謂名士的求名風氣。《後漢書》還曾闢有《獨行列傳》，專記此種名士的獨言特行。

李白很想出仕，可是又不願參加當時已鬧得大紅，青年學子趨之若鶩的科舉考試，如此前代名士的別出心裁的求仕手段，就很值得他去揣摹與效法，從他們的成功中樹立自己的信心。

求轟動效應

如果說李白的求仕先求名，是遠承漢魏名士的話，那麼近學的就是初唐詩人陳子昂。

陳子昂原本是個浪蕩公子，到了十七、八歲還沒有摸過書，憑著家裡富有，整天在外面賭博、遊玩混日子。有一次跟賭徒們來到了一所學校，才發現世上還有這麼一種高尙的事業，於是慨然立志，閉門謝客，專心讀書，不幾年果然將經史百家讀了個底朝天，尤其是寫得一手好文章，大有司馬相如和揚雄的氣度。

大約在二十出頭的年紀，便從家鄉蜀中射洪縣來到當時的臨時首都洛陽，謀個前途，也風光風光。可是在偌大一個東都城裡，像他這樣來自外地的年輕學子何止千萬。他既無顯赫的親戚可以投奔，也無同窗好友可以求助，要在這尋找功名前程的人潮中出人頭地，捷足先登，談何容易，弄得不好，就會落個頭白手空，無臉見父兄的下場。

爲此他想到爲自己做廣告，以求得一個施展才華的機會。

有一天他在洛陽街頭閒遊，遇到一個賣胡琴的，要價百萬錢，圍觀者無不為之咋舌，一些富貴之士也只是相互傳看，辨別不出眞假好壞，自然不敢還價。此時陳子昂突然從人縫裡擠出來，二話沒說，叫他的傭人回旅館用車子拖一千緡錢來將胡琴買下。一緡，即一串，合一千文錢，千緡就是一百萬。

圍觀者無不感到驚訝，問他何以肯花這麼大的價錢買下這胡琴，他說：「我最善於彈奏這種樂器。」大家都說能否當衆演奏一下？

陳子昂便慷慨地說：「這裡不是彈琴的地方，明天你們可以到宣揚里來，我備有酒宴招待大家，在宴會上，我當衆演奏，歡迎光臨。」

第二天，那些圍觀者果然來到宣揚里，並帶來了很多朋友，把整個宣揚里擠得滿滿的。先是飲酒吃肉，臨近終席，陳子昂才抱著琴款款陳詞：「諸位，我叫陳子昂，寫得一手好詩文。近日風塵僕僕地從蜀地來到京都，不為大家所了解。這種胡琴是低賤的樂工玩的，我哪裡會留心這個。」

話剛落音，便將手中的胡琴敲個稀巴爛。接著又說：「我隨身帶有好文百軸，現在分送給在座的朋友，請不吝指教。」說完就把文章分發給大家。每一個赴宴者，不僅爲陳子昂碎琴之舉大爲驚訝，更爲陳子昂的文章驚嘆不已。

如此一傳十，十傳百，不出幾日，陳子昂就名滿洛陽了。此後不出幾年就中了進士，得到武則天的賞識，登上了政治舞台。

李白與陳子昂是同鄉，生活年代緊相銜接，陳子昂死時，李白剛生。李白少年時就對這位鄉賢的開一代風氣的詩歌革新精神非常欽佩與崇拜。對他這次一鳴驚人的揚名之舉，自然更是銘記於心，極力仿效的。

求名人賞識

求名人賞識自己，給自己一個好的評價，也是出名的有效途徑，李白對此深有認識，廣有行動。

曹操的啓示

東漢末年有一位名士許邵和他的從兄許靖，喜歡品評當時人物，而且每月更換品題，人稱月旦評。凡是得到過他們好評的人，無不身價百倍，聲名遠播，所以很多人都想得許邵的品評。

據說曹操年輕時尙不爲人知，只有橋玄賞識他是個奇才，於是對他說：「你才能非凡，可是沒有名氣，你可以去結交許邵，他可以幫你出名的。」

曹操便去結交許邵，要他對自己來個品評。許邵爲了保護自己聲譽，平日不輕易給別人下評語的，曹操主動找上門來求他的品評，更是出格，這就跟現在開後門差不多，有損他的清譽，自然不答應。可是經不起曹操的軟乞硬磨，便給了他一個褒貶參半的評語：「你是治世之能臣，亂世之奸雄。」就是這麼個有譽有毀，不好不壞的評語，曹操也歡天喜地而去。因爲不管是能臣，還是奸雄，都是超群的人，只要說明他有才幹就已經夠了。果然曹操就由於這兩句話而爲天下人所知。

許劭一句毀譽參半的評語，就能使曹操聞名於天下，可見名人的賞識多麼重要，可以產生意想不到的奇特效果。李白對此很感興趣，極想獲得這種效果，所以在其《與韓荊州書》中，直言不諱地請求對方：

今天下以君侯為文章之司命，人物之權衡，一經品題，便為佳士。而君侯何惜階前盈尺之地，不使白揚眉吐氣，激昂青雲耶？

路謁蘇頲

李白自幼熟讀經史百家，不僅很早就懂得借助名人的評價而揚名的道理，付諸行動也很早。

他二十來歲的時候，初次遊歷成都。路上碰巧遇上了禮部尚書蘇頲的一路人馬。

蘇頲當時不僅是朝廷大員，被封爲許國公，而且是文章巨公，名揚天下，與兵部尚書、被封爲燕國公的張說齊名，時稱「燕許大手筆」。此次蘇頲出任益州大都督長史，正往成都上任。

李白覺得今天能夠在這裡遇上此老，乃是天賜良機，豈能錯過；如果能夠得到他的一點誇獎，可就是「一登龍門，身價百倍」了。高興之餘，連忙從隨身攜帶的文稿中，抽出幾篇最爲得意的作品，如《明堂賦》、《大獵賦》等，連同自己的名刺（如今之名片），趁他們進入一個驛亭小歇的時候，上前求見。

蘇頲一路鞍馬勞頓，本不想接見什麼人，可是看見求見者竟是一個氣宇不凡，風度翩翩的少年，便有了興趣，答應接見。

當他粗略地看完李白的文章後，便覺得蜀地確實是個出人才的地方，此等年輕便能寫出這樣洋洋灑灑、文采斐然的文章，實是難得。

於是轉過臉來對他的衆僚屬說：「這個青年天才英麗，下筆不休。雖然風骨未成，但氣魄宏偉。如果百尺竿頭，更進一步，就可以和本地先賢司馬相如不相上下了。」

蘇頲此番讚揚，自然產生了效應。在李白以後的求仕活動中，也就多一點資本。他在《上安州裴長史書》中，就毫不客氣地對此炫耀了一番。

求賞馬都督

李白自出夔州，南遊九嶷，東遊東海以後，便回到了雲夢古澤一帶遊歷。由友人撮合，入贅安州（今湖北安陸）許家。許氏祖父爲前朝宰相，名望很高，藉此去拜見當地的最高地方官，自然也是情理中事，如果能得到好評，也可提高了自己的知名度。

當時安州的最高地方長官就是都督，實際上就是刺史。當時的都督姓馬，名士會，李白稱是「朝野豪彥」，也就是當時才德特出，名傾朝野的豪傑之士。如果能得到他的品題，那也就身價倍增了。

爲了這一次拜謁，李白作了多方面的準備，膽錄詩文且不說，還將他的摯友元丹丘邀來，一同去拜見。

馬都督開始只是當作一般的不好推脫的接見，因爲是許丞相家招來的女婿，不能不應付一下。可是當他一見到李白瀟灑的風度，再看到他的不同凡響的詩文的時候，不免有點敬意了。於是改變了準備三言兩語打發的應付態度，而以接待嘉賓的禮節接待了李白，當面稱讚他爲當今奇才。

隨後又當著衆人的面，對他的僚屬長史李京之說：「一般人寫文章，就像山中見不著煙霞，春天見不到花草樹木一樣敗味。李白的文章卻是俊語佳句，層出不窮，清雄奔放，妙趣橫生，句句動人。使人愛不釋手。」

這自然使李白感到高興，一到安州便得到權壓一州，名播四方的馬都督的賞識，無疑使他在安州這塊地方算得上是個有臉面的人物了。要是本州要舉薦什麼人，這位馬都督首先要考慮的，自然就是李白了。

可是沒有多久，李白苦心贏得這一點資本，又讓自己輸掉了。有一天李白酒後騎馬，忽然前面出現一彪人馬，見領頭的似乎是在官府供事的一位老朋友，便策馬上前與他打招呼，沒想到被人喝住。原來是他醉眼朦朧看錯了人，爲首的竟然是本州都督府長史李京之大人。

長史在唐代的州郡裡可是舉足輕重的人物，僅在刺史之下，如果刺史不在，可以代行刺史權力。按當時規矩，一般士庶民衆遇上長史的車駕應該迴避讓道，可是李白不僅不讓道，反而直衝到車駕前呼三喝六，自然是對長史的最大侮慢。

這位李長史本來就對李白在拜謁馬都督之前沒有先拜訪他很不高興，今天又如此衝撞他，自然不得就此罷休，非要處罰他不可。李白爲此不能不向這位大人上書賠罪。此後雖然不見有什麼處罰，但這位長史在馬都督前說李白壞話，使李白失去了一個能夠賞識他的人，卻是令人遺憾的。

自造聲名

李白不走科舉這條道路的決心下得早，因此自造聲名，以求推銷自己的活動也開始得很早，而且往往別出心裁，效果也不錯。

飼養珍禽

還在四川家鄉的時候，李白就與東岩子隱居於岷山的南面，在山裡住了數年，足跡不到城市。他們養了很多珍稀鳥類，數以千計，呼叫一聲，它們會飛到手掌上來取食，沒有一點驚疑猜忌，人與鳥親密無間。

此事傳到廣漢太守的耳朵裡，便視爲奇事，並親自跑到李白隱居的地方來察看。見眞有此事，便推薦他們兩人去參加有道科的考試，可是被他們謝絕了。此舉用李白自己的話說，就是「養高忘機」，徵辟不就。

所謂「養高忘機」，就是指隱居不仕，甘於淡泊，以消除機巧之心，培養自己高尙的節操與名望。他們是否眞的對仕途名利無動於衷呢？那才不是。他們只是故作姿態，造成名聲，以獲得更大的名利。

李白少年時代的這種心計，雖說只是對前代名士邀名之術的一種較爲單純的模仿，但可看出他從小就對科舉不感興趣，而對「終南捷徑」卻是情有獨鍾。

由於少年時候有過這一段飼養珍稀鳥類的經歷，李白一生對珍禽異獸保持了濃厚的興趣。

直到天寶末年，他已經五十多歲，正作黃山遊。他見到黃山一位姓胡的老人養有一對白鷴，非常可愛，便向這位胡公索求。這位胡公大概慕李白之名，慨然相贈，只要李白送他一首詩。這種交易自然是極爲便當的，李白當即寫下《贈黃山胡公求白鷴》一詩。詩前有序曰：

聞黃山胡公有雙白鷴，蓋是家雞所伏，自小馴狎，了無驚猜，以其名呼之，皆就掌取食。然此鳥耿介，尤難畜之。予平生酷好，竟莫能致。而胡輟贈於我，唯求一詩，聞之欣然，適會宿意，因援筆三叫，文不加點以贈之。

詩云：

清以雙白璧，買君雙白鷴。白鷴白如錦，白雲恥容顏。照影玉潭裡，刷毛琪樹間。夜棲寒月靜，朝步落花閑。我願得此鳥，玩之坐碧山。胡公能輟贈，籠寄野人還。

從李白得鳥後的喜不自禁，可以看出他平日對此等珍禽的鍾愛。

一年散金三十萬

李白的父親是一個富商，豐厚的家財給李白的求學與交遊提供了方便條件。出川時腰纏萬貫自然是情理中事。他來到金陵、揚州這些地方，文明與繁華使他大開眼界，同時也使他花錢如流水。

那裡的道觀佛寺，名勝古蹟、歌台酒肆，無處不留下他的蹤跡，就是賭場妓院中也隨時可見到他的身影。所行所止，當然不只是孤身一人，總是呼朋邀侶，甚至成群結隊。而所有開銷，李白不會讓別人承擔一分一毫。

這輕財重義自然能換回友情與聲名。不出多久，這金陵、揚州一帶就都知道有一個從蜀地出來的文才出衆，頗講義氣，而又出手大方的青年詩人李白了。

他的一首名爲《金陵酒肆留別》的詩記下了他的一點行蹤與豪興：

風吹柳花滿店香，吳姬壓酒喚客嘗。

金陵子弟來相送，欲行不行各盡觴。
請君試問東流水，別意與之誰短長。

在與當時當地的社會交往中，李白對那些落魄公子、遇難王孫，尤其是對那些家境貧寒，赴京應試而又名落孫山的那些失意青年，更是百般同情，慷慨解囊。

有付不起房錢被店主開趕或受到店主侮辱他毫不猶豫的給他們付房錢。有回家缺乏盤纏的，沒等人開口，他已把錢送到別人手上。有生活無著，浪跡江湖的，他都幾百幾千的接濟別人。這樣一下來，他在揚州沒有住滿一年，就已經花銷和奉送出去的錢財達三十餘萬金。

這三十餘萬金，現在雖然難以計算出它的準確數字，更難折合現代的貨幣該是多少。但至少比當年陳子昂買胡琴的百萬錢要多得多。陳子昂的百萬錢由於是一次性使用，所以能產生爆炸性效果；而李白的三十萬金由於是分散使用，接擠了很多人，所以效果是較爲緩慢而持久的。在當時只能得到受接濟者感激的話語，然而不出多久，李白輕財好施的美名也就傳遍江南，乃至全國了。

遷葬亡友遺骸

在李白的揚名歓譽之舉中，最有聲色的是他稱爲「存交重義」的一幕。他有一個也是來自蜀中的朋友，叫吳指南，兩人結伴遊覽楚地的名山勝水。不料在洞庭湖上，吳指南突然惡病死去。

李白就像死了親兄弟一樣，大熱天穿上素服，伏在朋友屍體上，血淚滿面，慟哭不止，即使猛虎前臨，也堅守不動。行路者行此情景無不爲之傷心落淚。

數日後，只得將朋友暫時草草地葬在湖濱，自己便到了金陵，辦自己該辦的事。可是亡友之事一刻也沒有忘記，辦完事便回到了洞庭湖邊，扒開亡友的墳堆一看，屍骨筋肉尚存。他一邊揩著眼淚，一邊拿著刀子將屍骨上的筋肉剷洗乾淨，用布帛包裹妥帖，然後背負肩馱，離開洞庭，曉行夜宿，來到江夏郡，買地置棺，營葬於鄂城之東。

親愛的讀者，請不要以爲上面所述，是筆者加油添醋敷衍出來的。事情的經過與細節全是李白自己在《上安州裴長史書》裡親筆描述的，筆者只是語譯過來而已。

此事雖然有爲自己做廣告的成分，但其中仍然體現了李白對朋友的眞情，對友道的宏揚，反映了李白的高尙品德。

古人云：「人生結交在始終」、「一死一生，乃知交情。」朋友死在異鄉，爲其料理喪事也就盡了朋友之誼。可是李白仍念其遠離故鄉，魂魄無依，乃至親負遺骸，以禮遷葬，則是一般的沽名釣譽之徒做不到的，更是普通人所無法理解的。

且不說現代有些人，人心不古，見利忘義，要好的朋友，一夜之間可以變爲仇敵。就是古人又怎麼樣呢？韓愈就曾在其《柳子厚墓誌銘》裡非常氣憤地指出當時的交友狀況：一些人平日同住一個里巷，經常聚集在一起飲酒玩樂，相互吹捧討好，表現出極度的謙卑，爲了表明自己的誠信，可以把肺肝掏出來給別人看，指著天日，流著眼淚，發誓要生死相隨，永不背離，一切都好像是眞的。可是一旦遇到一點小利害，僅僅如毛髮那樣細小，馬上就翻臉不認人，好像從來不認識。別人掉進陷阱，不但不伸手救人，反而往下丟石頭，置人於死地。

這些本是禽獸都不忍心做的，可是他們卻自以爲會用心計，保全了自己。相比之下，李白這種俠義心腸，自然使天下人矚目，名聲也就不脛而走了。

求人推薦

李白其人：

安得倚天劍，跨海斬長鯨。

＊　＊　＊

長風破浪會有時，直掛雲帆濟滄海。

＊　＊　＊

但用東山謝安石，為君談笑靜胡沙。

古代知識分子的人生道路，要比現代知識分子的人生道路，窄得多，險得多。所有讀書的人都只能往做官這條路上擠，人多路窄，自然會有很多人擠不上去，或者是擠上去了又被擠了下來。

要擠上仕途，又不至於被人擠下來，做到官運亨通，這就既需要才學，又需要機遇。

這才學與機遇也不是半斤對八兩，平分秋色，可以互爲消長。大凡清明的時代，才學顯得重要；混濁的年月，則是機遇顯神通。然而才學不是短時間練就的，有的甚至是天賦的，而機遇卻是可以創造的。這就是歷代自命淸高的讀書人何以也免不了找關係、走後門、拜謁權貴，請求推薦提攜了。

李白的功名欲望是很強烈的，又不願走科舉一途，這就更需要尋找機遇，不放過每一個求薦的機會。自他出川以後，到他逝世以前，一直沒有停止過尋找出仕的機會，一直沒有停止求人推薦自己，以實現自己的政治抱負。從他不同的求薦時間、方式和心態中，可以看到李白高傲的一面，也可以看到他鄙俗的一面。

學會吹捧別人

從現存資料看來，唐代的士人求大官貴人向朝廷推薦自己，主要是通過書信。這種信人們就叫做求薦信，至於私下是否還要贈送財物或禮品，由於不見記載，不敢冒險斷定。大概即使有，也不普遍，不然不會沒有記載的。從這一點看，那時比現代的託人辦事似乎要文明一點，純樸一點。不過這樣沒有物質作基礎的求薦信也就難寫了，成敗得失也就靠它了。

求薦信最重要的一點，就是要極力吹捧對方，使對方看過之後心裡舒服，有點飄飄然，他才可能理會你的事。李白於此道，也很精通，最肯下聲色。就像他在《上安州裴長史書》中，對這位長史的吹捧，可謂是無以復加了。

他先捧此人的相貌：「鷹揚虎視，齒若編貝，膚如凝脂，昭昭乎若玉山上行，朗然映人也。」儼然是一個古今無匹的美男子了。

再誇他的高風亮節：「高義重諾，名飛天京。四方諸侯，聞風暗許。」

再誇他的富有與慷慨好客：「月費千金，日宴群臣。出躍駿馬，入羅紅顏，所在之處，賓朋成市。」

長史不過是一個州郡的副長官，李白卻說他「稜威雄雄，下慴群雄」，儼然是稱雄一方的霸主了。

明乎此，我們再看他的《與韓州書》對當時任荊州大都督府長史，兼襄州刺史，山南東道採訪使韓朝宗的吹捧就不足爲奇了。

下面不妨將這封求薦信中的有些話語譯過來，請讀者看看：

李白聽得天下好談論世事的讀書人聚在一起：「人生一世用不著封萬戶侯，只願結織一下韓荊州。」您爲什麼能夠得到人們如此的景仰和傾慕呢？難道不就是因爲您有周公那樣的作風和美德，使得天下的豪傑都願歸附您，一旦蒙您提攜，就像登上龍門，身價十倍嗎？所以那些像盤龍逸鳳的賢士，都想得到您的好評，以奠定自己的身價。

您的著作可以和神明相比，您的德行可以感動天地。您的文筆滲透著造化的神功，您的學問窮究著天人的奧祕。希望您對我放開懷，舒展容顏，不要因爲我禮數不周而拒絕。請一定讓我參加您的盛宴，任我縱情談論；若讓我日寫萬字的文章，那是倚馬可待的。當今天下都把您當作主管文運的星宿，衡量人物的權威。一經您的品評裁定，就成了優秀士人。您何必吝惜您階前這尺把寬的地方，不在此接待我，不讓我李白揚眉吐氣，平步青雲呢？

李白對這位韓荆州的吹捧確實有點過火，有的地方還顯得有點肉麻。這就難免有人要問，李白一生傲岸，從不向別人低頭，甚至敢於使高力士爲他脫靴，怎麼對這些州郡長官就如此低聲下氣呢？

其實，這也就是李白不能免俗的一面。古人說，大丈夫處世「盈縮卷舒，與時變化」，要能屈能伸。李白自己也說過「處世忌太洁，至人貴藏輝」。當時李白還只是一介書生，孤立無援，只要能求得一個出頭的機會，還有什麼架子可擺，遇有什麼話捨不得說呢？天才如李白者，尚不能不以這種態度處世，這不正好說明此種處事態度何以能延續至今，難以根除嗎？

不妨說大話

自信是一種美德，試想一個人連自己都不相信，老懷疑自己的意志是否堅牢，能力是否夠用，那還有什麼追求呢？李白就從不懷疑自己，看他寫出下面這些詩句的時候，該有多麼大的自信力：

安得倚天劍，跨海斬長鯨。

＊　＊　＊

長風破浪會有時，直掛雲帆濟滄海。

＊　＊　＊

但用東山謝安石，為君談笑靜胡沙。

在求人推薦自己的時候，就更要展示自己的非凡本領，表現出充分的自信，即使誇張一點，說說大話也無妨，因爲這只是手段。

且看李白在與韓荆州的信中說自己：「十五好劍術，遍干諸侯。三十成文章，歷抵卿相。雖長不滿七尺，而心雄萬丈。王公大人許與氣義。」其中不少就是自我誇飾的。

在其《代壽山答孟少府移文書》中，他用山靈的口吻誇讚自己：「近看逸人李白，自峨眉而來。爾其天爲容，道爲貌，不屈己，不求人，巢、由以來，一人而已。」其中說自己「天爲容，道爲貌」，是借用《莊子》的「道與之貌，天與之形」的話而來，雖屬誇張，還是有所本的，不算大話。其「不屈己，不求人」，從上面所述看來，就是大話了。他的求人推薦，就是明明白白的求人，要求人哪能不屈己呢?你看他對裴長史說的：若不願推薦，甚至「赫然作威，加以大怒，不許門下，逐之長途，白即膝行於前，再拜而去。」這哪裡有一點「不屈己，不求人」的味道呢，簡直是奴顏婢膝了。

像李白這樣的一些過頭話，在當時就引起了人們的一些譏議。你看他在《上李邕》一詩中。就坦率地承認：

時人見我恆殊調，
聞余大言皆冷笑。

此後蘇軾兄弟也還在批評李白愛說大話。蘇軾說他：「大言而無實，虛名不適用。」蘇轍則說他：「華而不實，好事喜名。」「說用兵則先登陷陣不以爲難，語遊俠則白晝殺人不以爲非，此豈其誠能也哉？」

的確如此，只是蘇氏兄弟並沒有指出李白這些大話，往往是求薦信中，向投贈對象說的，意在宣傳自己，推銷自己，出於求職的需要。當然這也與他的豪放駿發的性格大有關係。

不妨爲人代筆

古代求人推薦，首先要使出混身解數讓所求的人對你產生好感，答應推薦；其次就要所求的人，向皇帝或朝廷呈遞推賢薦能的奏章，事情只有做到這份上，才能產生效果。如果被求的人，礙於情面，當面答應推薦，可是又以種種理由不向上呈遞奏章，那也是白搭。李白就遇到這種情況，可是他另有新招對付。

那時李白已經五十七歲了。剛剛從潯陽監獄中釋放出來。李白得以脫獄，全靠江南宣慰使崔渙和御史中丞宋若思爲他推覆洗雪。

出獄後，宋若思又聘他爲參謀、參贊文書事務，還隨宋出巡過武昌。此時的李白並沒有因爲蹲過監獄而萬念俱灰，只覺得既然已經無罪釋放，那麼我李白還是往日的李白了。眼下又有幸遇上宋若思這樣愛才惜才的朝廷要員，索性再求這位宋中丞向皇上推薦自己，說不定還可躋身朝列，幹一番事業，實現自己的夙願呢。

李白的這種想法自然有點天真，他把世界上的事看得過於簡單。宋若思自然知道，你李白下獄的罪名是從逆，即脅從叛亂，是政治案件，與一般的官吏因行政或經濟上的過錯而下獄不同。現在雖然得以出獄，但嫌疑猶在。我現在聘你爲幕僚就已經破格，擔著幾分風險；你怎麼就這樣不知趣，還要我向皇上推薦你到朝中任職呢？這不是有點滑稽嗎？再說，你剛從獄中出來，雖然可以說無罪，可是整個案子尚未了結，人們還在觀望此案的發展呢；還有現在是兵荒馬亂時節，上面哪裡還有什麼閒工夫考慮舉賢進能之事呢。爲此這位宋中丞對李白這種不識時務的要求，也就置之不理；可又不好當面潑他的冷水，只得以公務繁忙，沒有時間寫推薦表爲由，拖延時日。

可是李白眞的以爲是宋中丞沒有時間寫，出於求薦心切，於是提出由他代擬。宋中丞大概也不好拂他的意，也就隨口答應了。李白便很快爲宋若思代擬了一份向皇上推薦自己的奏章，至今尚存，名爲《爲宋中丞自薦表》。其中最精彩的是這麼幾句：

臣所管李白，實審無辜。懷經濟之才，抗巢由之節，文可以變風俗，學可以究天人。一命不沾，四海稱屈。伏惟陛下大明廣運，至道無偏，收其希世之英，以為清朝之寶。

李白認爲自己無論是品德情操，還是治國才能；無論是文才，還是學問，都是天下第一流的，可是至老「一命不沾」，也就是說連一個最低的官階都沒有沾邊，不僅自己難過，就連四海之內的人都爲我叫屈。明眼人一看便知，這是哀求，也是抗爭。

可是李白並不知道，任你怎麼動情，善觀政治風雲，諳於世故的宋若思絕不會將此表呈遞給肅宗的，只讓你空喜歡一下而已。果然，沒有多久，李白又被投進監獄，判處流放夜郎。

李白的此種求薦，實出於盲目樂觀，自作多情。不過唯其如此，才見出他的熱情、單純與天眞，才贏得後人的同情。

功成身退

申管晏之談，謀帝王之術，奮其智能，願為輔弼。使寰區大定，海縣清一，事君之道成，榮親之義畢，然後與陶朱留侯，浮五湖，戲滄洲，不足為難矣。

＊　＊　＊

願一佐明主，功成還舊林。

＊　＊　＊

功成謝人間，從此一投釣。

李白的一生是傲岸不羈的一生，也是艱難曲折的一生；是輝煌的一生，也是悲劇的一生。然而不管他一生多麼複雜，不管他處於何種境地，他對自己選定的理想道路——功成身退，卻不曾懷疑，也從未停止過追求。遺憾的是，不管他怎樣奮其智能，始終沒能將這條道路走通，結果功也未成，身也未退。不過從他對這一道路的選擇、追求與失敗中，可以清清白白看到他的膽識、心計與人格。

路為什麼要這麼走

李白有著獨立的人格與思想，對事物乃至對世界的看法，並不以哪一個聖賢、哪一家學派的思想為準則，也不讓社會習俗和社會道德束縛自己。只要自己認為有價值的事就毫不猶豫地去做，自己認為沒意思的事就不去理睬，至於別人怎麼說就不管了。

他的這種思想作風，倒很符合西方著名哲學家羅素對浪漫主義者所作的分析。羅素認為浪漫主義者的共同特徵，就是把自己的人格從社會習俗和道德規範中解放出來，看待事物不用通行的功利標準，而代之以審美的標準。李白的言語行事，就完全符合這個特徵。他之所以要奮力走這條高標準的功成身退的道路，就是憑著這種浪漫主義的價值觀與審美觀作出的判斷與選擇。

他覺得「濟蒼生」、「安社稷」誠然是頂天立地的大事業，一個人才能的大小和價值的高低，只有從對這種事業的追求中才能體現；一個人是否能標名留青史，也有賴於此。大丈夫在世，不能沒沒無聞，不能沒有四方之志，不能沒有功業名望。

然而這功名富貴的背後常常隱藏著禍患，這也是古往今來的歷史的證明了的。而且往往功名愈大，隱藏的禍患也就愈大。州縣官吏得禍，往往僅及自身；公侯將相得禍，往往殃及家族與子孫。因此李白認爲久戀功名，不是全身之道。他說：

> 吾觀自古賢達人，功成不退皆殞身。

一旦殞身，功名自然也就隨之毀滅。如果功成然後身退，情況就大不一樣，名聲和地位可以長期保留，小者可以聞名當時，大者可以留芳百世。一切優厚的待遇也都可以延續。還可以自由自在地尋求長生之術，盡情享受人間一切美好的東西。

一看便知，李白的這種設想，是有意識地將儒家的入世精神與道家的出世精神，作爲我所用的割取與拚接而成。對儒家只取其建功立業、光耀史冊的一面，而割捨其堅韌不拔、九死而不悔的一面；對道家只取其愛惜生命、自由享樂的一面，而割捨其只顧自己，不管別人，對社會不負責任的一面。由此看來，李白追求功成身退，就是依據自己的審美標準和價值取向，將儒、道兩家的思想合而爲一。道理並不新鮮，前人已經這樣想過，也已經這樣做過，他只是將這面旗幟舉得更高，終身奉行而已。

名師指點

李白對功成身退這條路，雖然規劃得很早，可以說從也尙在蜀中熟讀諸子百家的時候就已經有了此種想法，可是究竟怎麼走，能不能走通，後果如何，一切尙在朦朧中。只有當他見到當時聞名遐邇的道教大師司馬承禎以後才堅定了這個信念。

當時李白已經出川，來到荊州。恰好司馬承禎也正從他隱居的天台山趕往南岳衡山，路過荊州。經過朋友的介紹，李白慕名前去拜見了這位大師。

這位大師見了李白那如孤松獨立，又似岸柳迎風的儀態風神，以及那妙語如珠的談吐，便喜出望外，認定李白有仙風道骨，是一個理想的道教傳人。可是他又看到李白眉宇之間英氣勃勃，言談中也總是將社稷民生、匡時濟世等掛在口邊，功名欲望非常強烈。不免心中盤算，此青年雖有仙風道骨，但要他馬上隱居山林，潛心修煉，是不可能的。於是對李白說：

「你天生就一副仙風道骨，本可以與你一同遨遊天地四方；可是以你的心志才識，當此盛世，自有錦繡前程在等待著你。等你做出轟轟烈烈一番大事業，使事君之道成功，榮親之事完畢，再到天台山來找我吧。」

聰慧的李白，自然領會到這位先知先覺者已經看出了他尚徘徊在入世與出世之間，無所適從的心思，特意給他指點迷津。無須深究，便悟出他的一生將是艱難曲折的，變化多端的，不是一個簡單的「入世」或「出世」概括得了的，而應該是兩者兼得的。如此這功身退就是最理想，最值得追求的目標了。

經過這名師的指點，原本朦朧的東西變得清晰起來，原來不確定的東西逐漸定型，功成身退的信念就這樣確定了下來。終身爲之奮鬥，無怨無悔。

榜樣的力量

李白爲自己設計的功成身退的人生道路，並非只憑一時的熱情，簡單地從儒家學說和道家學說中摘取符合自己的本性與利益的部分拼接而成，也是從我國歷史上功成身退的典型人物身上汲取了力量，看到了成功的希望。

與魯仲連同調

李白最崇拜的歷史人物就是魯仲連。他說：

齊有倜儻生，魯連特高妙。
吾亦澹蕩人，拂衣可同調。

魯仲連爲什麼值得李白如此追慕呢？不妨說遠一點。

魯仲連是戰國時代齊國的高士，善於謀劃決斷，常常解人困危，救人急難，卻不願取酬受賞，有著極高的聲名。

趙孝成王時，秦軍圍困趙圍都城邯鄲，危在旦夕，趙國只好向魏國求救，魏國表面上發兵救趙，卻按兵不動，暗地裡派人勸趙投降，尊秦爲帝。

此時正在趙國的魯仲連便自告奮勇，與魏王派來勸降的使者辛垣衍展開了一場舌戰，說服了辛垣衍，讓他離開了趙國，降秦的論調得以平息。與此同時，趙國在軍事上得到了魏國的信陵君與楚國的春申君的援救，邯鄲終於解困。

趙相平原君要給魯仲連封地賞爵，魯仲連再三辭謝。平原君又以千金相送，魯仲連照樣不接受。並說：我所以與一般策士不同，是爲人排除患難，解除紛亂不取報酬，如果得人報酬那就是謀利的商人，而不是仁義之士了。於是辭平原君而去，終身不再見面。

這種功成不受賞，拂衣而去的高尚品格和瀟灑風度，自然令李白讚歎欽羨不已。

對此，他曾反覆吟頌：

所冀旌頭滅，功成追魯連。

魯連逃千金，珪組豈為酬。

魯連賣談笑，豈是顧千金。

＊　＊　＊

就在魯仲連義不帝秦的二十多年後，燕圍攻下了齊國的聊城。由於齊人使用反間計，燕王再也不信任攻占聊城的燕將。這位燕將怕回燕國遭殺害，只得死守聊城。齊將田單趁機圍攻，可是攻了一年有餘，仍然攻不下來，士卒死傷慘重。

此時魯仲連又出現了，他給燕將寫了一封長信，曉之以理，動之以情，將信縛在箭上射進城去。

燕將見信後哭了三天，猶豫不能決。回燕吧，怕燕王殺他；降齊吧，怕齊人污辱他。最後以自殺了結，聊城就很快被田單攻下。

事後田單要給魯仲連封賞官爵，魯仲連立即逃隱於海上，以躲避這種賞賜。

這種建功報國，辭不受賞的義舉，同樣使李白折服。在他的口頭與筆端，經常出現這樣的話：

君草陳琳檄，我書魯連箭。

＊　＊　＊

仍留一支箭，未射魯連書。

在衆多的功成身退的歷史人物中，李白之所以特別崇拜魯仲連，是因爲魯仲連的屢建奇功，不是憑藉地位與權勢，也不憑藉武力，全憑自己的計謀與口舌。這一點與李白的才華洋溢而毫無地位是相同的，所以對李白最富吸引力。只是時運不濟，李白一輩子追慕魯仲連，卻從未遇到魯仲連所遇到的那樣的建功機會。

有人說李白是一個失敗的魯仲連，自有幾分道理。

范蠡可爲師

春秋的范蠡也是李白追慕的對象，請聽他對范蠡的頌揚：

陶朱雖相越，本有五湖心。

＊　＊　＊

終與安社稷，功成去五湖。

＊　＊　＊

范子何曾愛五湖，功成名遂身自退。

范蠡是春秋時越王勾踐的重臣，在越國被吳王夫差打敗後，與文種共同輔佐越王勾踐。苦心盡力，忍辱負重，經過二十餘年的準備，終於滅了吳國，報了仇，雪了恥。正當勾踐要重重封賞他的時候，他卻帶著自己的親信與輕寶珠玉，後人還給加了個西施，乘扁舟，泛五湖改名換姓來到齊國。

在齊國，他率領隨從耕作，發家致富，積蓄豐厚，以致當上了齊國的宰相。當權勢無限膨脹的時候，他又辭去相職，散其家財，來到陶這個地方（在今山東定陶縣境內）經起商來。不久成了大富豪，人稱陶朱公，爲歷代商人所崇拜。

范蠡逃離越國的原因，是他認識到勾踐此人心胸狹窄，只可與之共患難，不可與之共歡樂，長期相處，必有後患。就在他逃離越國不久，曾寫信給文種，告知了離越的原因，並勸文種也趕快離開。可是文種不聽，後來果然被勾踐賜死。

范蠡與文種都可謂忠良幹練之臣，同爲勾踐的滅吳、復國、稱霸作出了貢獻，可是後來的遭遇卻不一樣。一個死於曾爲之盡心盡責的勾踐手中；一個卻是再遷其地，再易其名，再更其職，多次揚名於天下。

之所以會如此不同，就在於范蠡比文種多了一個心眼。在他操勞國事的時候，也留心於一般的君臣關係，注意國君的個性與品德。古時的君臣關係就是主僕關係，再怎麼相知，臣子必須對君臣有某種用處，一旦失去這種用處，關係就隨之斷絕。就像范蠡在給文種的信中所揭示的：「飛鳥盡，良弓藏，狡兔死，走狗烹。敵國滅，謀臣亡。」勾踐的敵國吳已經滅亡，該是勾踐計算謀臣的時候了。此時謀臣不走，就是等死了。

范蠡說的雖是勾踐與他們之間的事，卻反映了歷代君臣、主與僕之間普遍的利害關係，具有普遍的意義。後來殺戮功臣的事屢見不鮮，就是很好的證明。

李白看到的也正是這一點，他讚賞的就是范蠡的功成身退，遠禍全身，鄙薄的就是文種的居功不退，反遭其殃。

由此，李白從中汲取了深刻的歷史教訓。他覺得從政事君，報效國家，仍然應該保持作爲一個臣民的獨立的人格與尊嚴，自己的命運應該由自己掌握，不能由別人主宰。要做到這一點，僅僅要求君王施恩、善待功臣，都只是良好的願望，無濟於事，只有功成身退，才是遠禍全身之策，才能將自己的命運掌握在自己手中。

張良也可學

出於同樣的原因，李白對張良也是極爲崇拜的。

張良作爲劉邦的謀臣，「運籌帷幄之中，決勝千里之外」，在滅楚興漢中立了大功。在封賞功臣的時候，劉邦要給他重賞，讓他在齊國挑一塊肥美的地方，封他一個三萬戶的侯爵。他卻腕言謝絕，只要了一個食邑萬戶的留侯，待遇與蕭何等相同。這就是居功不貪賞。

當天下已定，漢政權得到鞏固的時候，他卻向劉邦提出：「我作爲一個普通的人，能夠出入宮廷，爲帝王籌劃天下大事，封了萬戶侯，這是一個平民的前途所能達到的極限，我張良已經很滿足了。從今以後我將要摒棄人間之事，一心只想學道求仙，跟隨赤松子遊。願陛下聽從我的志願。」

大概是劉邦認爲天下已定，江山穩坐，這些謀士多一個少一個也無所謂了，也就沒有強留，任其方便。張良就去學辟谷、導引這些輕身延年之道，過著逍遙自在的隱居生活，平平安安地終其天年。

在滅楚興漢中與張良有同樣功勞的還有淮陰侯韓信。李白就說過：「張良未遇韓信貧，劉項存亡在兩臣。」可是韓信功成不退，反要矜其功，顯其能，貪戀更大的名與利，以致遭到劉邦的疑忌，被呂后與蕭何誘捕殺害，並滅三族。

這兩位功臣的不同遭遇，就在於一個激流勇退，抽身及時；一個爲名纏利鎖所縛，權欲極度膨脹，掙脫不了。李白也就是從這些正反兩面的歷史鏡子中，確立其功成身退的人生理想的。

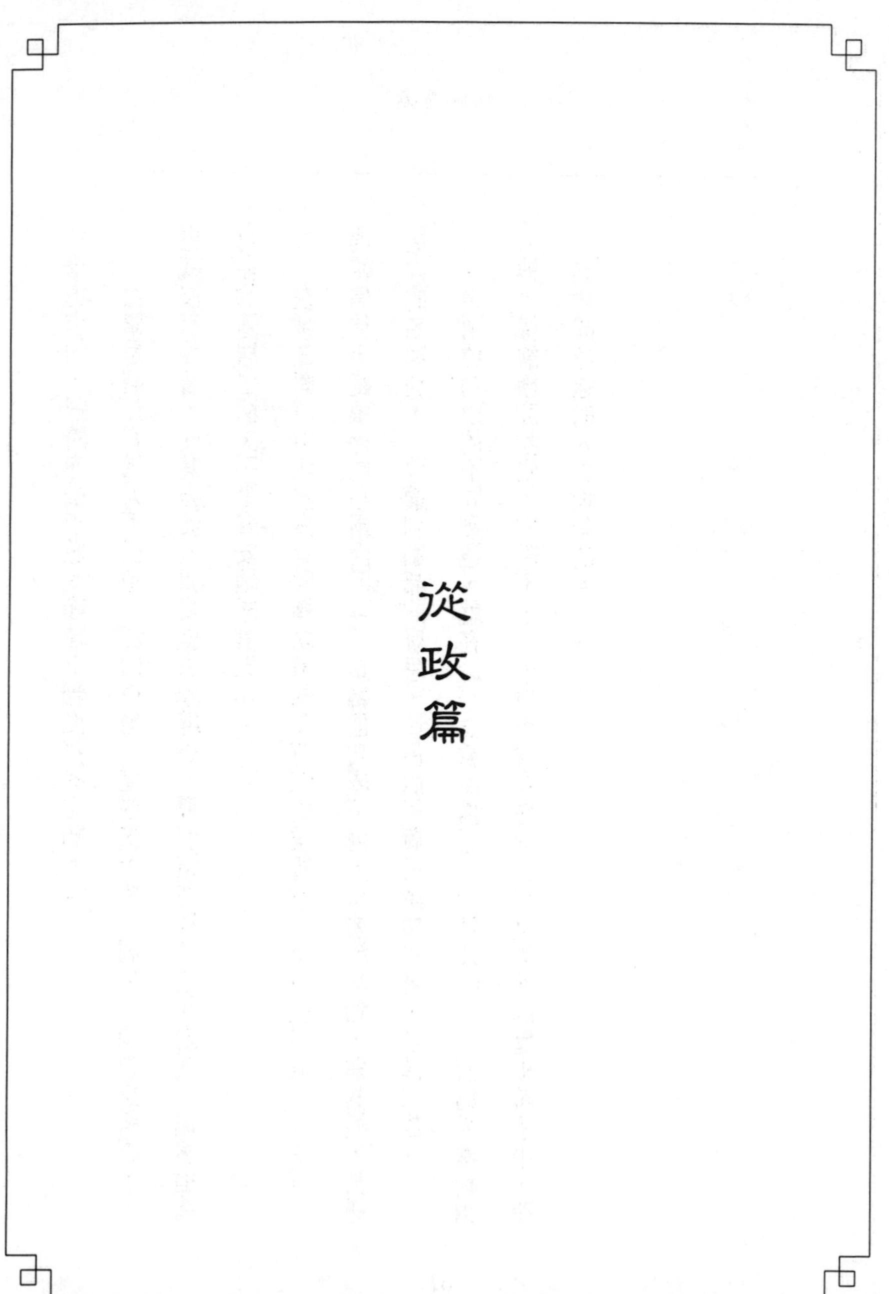

從政篇

李白到晚年曾經公開地發洩自己的怨恨說，他「懷經濟之才，抗巢由之節，文可以變風俗，學可以究天人」，是天下難得的政治家，可是到頭來卻不為世用，「一命不沾，四海稱屈」，也就是說從沒有擔任過任何正式的官職，不僅自己傷心，天下人都為他叫屈。在這裡，他對自己的政治才幹，自然是有點評價過高，但他說的「一命不沾」，倒是一點不假。

正式的官員李白從未擔任過，但仍然被捲進了政治漩渦，有著短暫而不凡的從政經歷。具體說有兩次，前一次是待詔翰林，後一次是附從永王。兩次都以失敗告終，一次比一次慘。前一次落得個「賜金還山」，多少還留了點情面，後一次卻被投進了監獄，差一點丟了性命。

令人感到意外的是，李白在經過這兩次失敗以後，並沒有因此而消沉，隱匿，遠離政治，相反仍熱切地要求參與政治，渴望一展才華，獲得成功。

這是李白可愛之處，也正是李白糊塗之處，他一生的悲劇也就根植於此。

出色的文學侍從

昔在長安醉花柳，五侯七貴同杯酒。
氣岸遙凌豪士前，風流肯落他人後？
夫子紅顏我少年，章台走馬著金鞭。
文章獻納麒麟殿，歌舞淹留玳瑁筵。

——李白《流夜郎贈辛判官》

應召入京

李白爲了實現自己的政治抱負，踏上仕途，多方投書，到處求人，竟無一奏效。當他心灰意冷地躲進山中，功名欲望快要熄滅的時候，卻意外地傳來喜訊，當今皇上要召見他了。

他的被召不是通過地方官的舉薦，而是憑著方外之友的介紹，使得唐玄宗發現了這個曠世奇才。這方外之友，有的說是道士吳筠，有的說是皇帝的妹子玉眞公主，有的說是隱士元丹丘，不管是其中的哪一個，也不管他們是否都出了力，都說明李白的終南捷徑終於走通了。

按常理，一個人一旦遇到了能夠施展自己的才能和抱負的機會，尤其是當他苦苦地尋找的這個機會，終於來臨的時候，總會特別珍惜，不惜代價地保住這個機會，因爲這是實現自我價值，決定自己前途與命運的觸發點，一旦失去將追悔莫及。

可是當年的李白卻沒有很好地去思考這個問題，只是憑著單純的熱情與坦誠去迎接這個機遇，高唱著：「仰天大笑出門去，我輩豈是蓬蒿人」，像個小孩子得了什麼獎賞似的，一路歡天喜地來到長安。

來到長安後，應該做些什麼，應該向皇帝表白什麼，有什麼建議與要求，有什麼治國方略向皇上進獻，如此等等，他都懶得去考慮。他天真地認為，皇帝召我必有用我之處，何須我去考慮？

一旦進入官廷，有什麼規章制度要遵守？有什麼習性要約束、收斂？有什麼人緣要修好？上下級關係如何相處等等，更是壓根兒沒想過，如果有人提醒他應該有所準備，他會大罵你一通，認為這是拘拘小儒的小心眼，豈是他這個曠世之才所需要考慮的？

還有他這次是怎麼得到召見的？玄宗看中了他哪方面的才能？是他的治國才幹，還是他的詩仙聲名？是他精於道妙，還是他長於劍術？他都不願花腦子去想個明白，以便適應這金光燦燦，眩人眼目的宮廷中的工作與生活。

他只是認為此次進京，是因為自己的超凡的才識被皇上看中，必然會委以重任，由布衣而為卿相的理想即將實現，自己腳下踩的通往長安的大道，不是普通的道路，而是步步登天的天梯，以此一身飄飄然，覺得神仙也不過如此。

此種心態，對一個專心專意走終南捷徑而終於達到目的的人來說，自然無可厚非；後來出色地完成了一些任務，也就全靠了這股熱情。不過，也就因為沒有精神準備，致使後來生出許多不愉快的事來。

待詔翰林

唐玄宗召李白進京，是將李白當作一個逸才、奇才，其他用人渠道未能將他網羅進來，只好下詔特徵。被皇帝直接召用的人，在當時自然最為榮耀，但一般只用其專長，很少委以政事。因為管理朝政大事，不僅要有政治才幹，還要有實踐經驗，一般是要通過層層選拔的。

李白一到長安，被安排在翰林院，做了翰林待詔。顧名思義，所謂翰林待詔，就是等待皇上下詔製作文翰辭章，實際上就是文學侍從。這雖然比不上參議政那麼重要，卻也是宣揚王化，潤色鴻業的大事，每一個帝王都需要這樣的人才為他裝點門面，粉飾太平。漢武帝不就因為有個司馬相如而大出風頭嗎？唐玄宗也就是爲自己找一個司馬相如，李白自然是最好的人選。玄宗讓李白擔當此任，應讓說還是量才使用的，並沒有虧待他。

李白對這樣的職務當然不敢有什麼異議，一來寫詩作文是自己的所長，毫不費力。二來此職專供皇帝召用，是盡臣節的最佳職務，雖不是什麼命官，卻也淸貴。所以一開始，李白對此份工作倒也很是滿意，也很勤謹，鼓足了勁要做出一點成績來。

討玄宗歡心

作爲文學侍從，用美麗的辭章，歌頌國家的聲威，皇帝的盛德，說皇上想聽的，寫皇上想看的，討皇上的歡心，本是份內的事，李白自然懂得，而且著著實實做了不少這樣的事，寫了不少這樣的詩。

比如他在《陽春歌》中就讚嘆宮中的春光與美人相映，皇上歡樂無窮：

聖君三萬六千日，
歲歲年年奈樂何？

在《春日行》中，則直接向玄宗獻辭：

小臣拜獻南山壽，
陛下萬古垂鴻名。

而在《上雲樂》中，則藉老胡文康之口唱出：

拜龍顏，獻聖壽。
北斗戾，南山摧，
天子九九八十一萬歲，
長傾萬歲杯。

對於當日的盛世氣象，天子的威儀，李白更作了清圓流麗的鼓吹：

是時君王在鎬京，
五雲垂暉耀紫清。
仗出金宮隨日轉，
天回玉輦繞花行。
始向蓬萊看舞鶴，
還過茝若聽新鶯。
新鶯長繞上林苑，
願入簫韶朵鳳笙。

唐玄宗得了這麼一個文學侍從，恐怕比漢武帝當年得了司馬相如還要高興。因爲當年司馬相如寫辭賦，多少還帶點諷諫旳意味，可是李白卻沒有這樣的假正經，不會讓他掃興。後來傳說玄宗特許他在宮中走馬，親手給他調羹等傳說，也就是從李白確實贏得了玄宗的寵信上製造出來的。

玄宗到了晚年本無心於朝政大事，只圖聲色享樂，時下又得了這麼個頗解人意的文學侍從，自然每有歡宴遊賞，必攜李白參加，隨時爲他賦詩寫辭，以助豪興，以添聲威，給他提供另一種更雍容高雅的享受。

李白新從草野中走進金鑾殿，得以待詔翰林，侍從出遊，自然感到極爲寵榮清貴，很願用自己的生花妙筆，討人主歡心。正如他自己說的：

子雲叨侍從，獻賦有光輝。
激賞搖天筆，承恩賜御衣。

這幾句詩，是他侍從玄宗遊溫泉宮回來後寫給他朋友的。意思是說，我如今也像漢時的揚雄（字子雲）一樣，得以作爲皇上的侍從，隨駕出獵，回來後獻上辭賦頌揚其事。皇上看後，立即搖動天筆，批字讚賞，並賜給錢帛衣物。其得意之情，寵榮之心，已見於言表。

詠宮人行樂

李白討玄宗歡心，不限於對玄宗和大唐的直接歌頌，還在於應命製作，投玄宗所好。

據《本事詩》所載，有一次唐玄宗正在觀賞宮中的大型演唱，聽著聽著嫌這晚會單調，不夠味，便對身邊的高力士說：「對此良辰美景，豈可獨以聲伎爲娛？倘時得逸才詞人吟咏之，可以誇耀於後。」於是就叫高力士去宣召李白進宮。

當時李白正被寧王（玄宗的哥哥）邀去飲酒，而且醉了。高力士花了很大的力氣才將他扶到玄宗面前。

玄宗知道李白並不精於音樂，就叫他作《宮中行樂詞》王言律詩十首。李白叩頭請求說：「剛才寧王賜給我酒喝，現已醉了，請求陛下允許我在這裡隨便一點，無所拘束，才可以施展我的薄技。」

玄宗當然答應。於是打發兩個太監扶著他東倒西歪的身軀，並叫人備筆硯，攤開紙張。李白便逞著酒力，略作思索，取筆直書，十篇立就，文不加點，聲律對偶，無不精絕。

這十首《宮中行樂詞》對宮女的嬌姿美態，歡歌笑語，作了窮形盡相的刻畫，將太平氣象，歡樂氣氛烘托到了極點。

且看其第一首：

小小生金屋，盈盈在紫微。
山花插寶髻，石竹綉羅衣。
每出深宮裡，常隨步輦歸。
只愁歌舞散，化作彩雲飛。

這些帶著齊粱餘習的綺章麗句，平時，李白是不屑爲的，可是皇上叫你寫，怎敢不寫？皇上愛看這些艷詞媟語，你敢不奉獻？有人說這是李白媚上之舉，自然不假；如果設身處地一想，誰又敢拒命違抗呢？

賞名花頌妃子

像《宮中行樂詞》這樣的應製之作，李白寫了不少，而最爲有名的還是《清平調詞三首》，可謂語語濃艷，字字葩流，這可是李白拍楊貴妃馬屁之作。

據《松窗錄》記載，就在李白待詔翰林的第二年的暮春時刻，玄宗常住的興慶宮的牡丹花競相開放，有深紅的，有紫色的，有淺紅的，有通白的，艷麗異常。唐玄宗攜楊貴妃來到興慶池東邊的沉香亭憑欄觀賞。按照舊例，每逢這樣的場合，宮中梨園子弟就得鼓樂齊鳴，歌喉競發，演出歌舞節目。正當領班手捧檀板，準備歌唱的時候，玄宗卻發話了。

玄宗說：「今日觀賞名花，面對妃子，怎麼能用舊詞呢？」於是叫李龜年拿著金花牋寫的詔令，宣賜李白立即寫《清平調詞》三章進獻。

李白雖然宿酒未醒，但一想到沉香亭前玄宗面對名花與愛妃的樂滋滋的情景，便覺得這是對貴妃娘娘獻殷勤的好時機，於是陡然神清眼亮，援筆立就《清平調詞》三章：

雲想衣裳花想容，
春風拂檻露華濃。
若非群玉山頭見，
會向瑤台月下逢。

＊　＊　＊

一枝紅艷露凝香，
雲雨巫山枉斷腸。
借問漢宮誰得似，
可憐飛燕倚新妝。

＊　＊　＊

名花傾國兩相歡，
常得君王帶笑看。
解識春風無限恨，
沉香亭北倚欄干。

李白將玄宗《賞名花，對妃子》的雙重得意心情摸準了摸透了，於是在這三首歌詞中將牡丹、貴妃融在一起寫，以花喻人，以人比花，花即人，人即花，人面、花色融為一體。這不僅讓玄宗目醉心迷，親自為之吹笛伴奏；更將楊貴妃吹捧得上了天。楊貴妃聽了心裡樂滋滋的，親自為之領唱。因為在歌裡如此頌揚她，這還是第一次。事後少不了在玄宗面前，說了李白不少好話，玄宗也就對李白特別優待。

醉草和蕃書

李白在供奉翰林期間，多數時間打發在隨駕、讀書、飲酒、遊覽、訪友等事上，自然也參與了一些代草王言等國家大事。有據可查的，似乎只有那麼幾件，而最有意義的就要算醉寫《和蕃書》了。

對方來意不善

唐朝與吐蕃（古代藏族）的關係時好時壞。唐初太宗朝曾以文成公主遠嫁吐蕃，中宗朝又嫁過去金城公主。這和親政策雖然可以求得一時的安寧，這些皇室女子確也曾爲親善友好作出了努力，可是娘家與婆家的男人，爲了些小利益，卻常常撕破臉皮，刀槍相見。

就在前一年，吐蕃憑著他們強大的軍事實力，於石堡城（在今青海省），大敗唐軍，將石堡城占爲己有，雙方關係驟然緊張。

吐蕃得了便宜以後，卻假惺惺派使者帶著國王的信，前來向大唐皇帝表示願意重修舊好，恢復親善，可是態度傲慢。國王的信故意不用當時通行的吐蕃文字，而用生僻古奧的古吐蕃字，弄得朝廷譯員難以翻譯成漢語。

此時的大唐皇帝當然可以怒斥使者以及他們的贊普狂妄無理，來意不善，可是堂堂一個帝國連古奧一點的吐蕃文都無人認識，怕也是有損國格的事。

玄宗於是立即召集大臣商議此事。首先要找一個通曉此種文字的人，將吐蕃國王的信翻譯出來，可是一時竟找不出一個合適的人來。

老臣賀知章認爲李白學識淵博，又生於碎葉，與西域人有來往，肯定認得此種文字，於是推薦了李白。

化干戈爲玉帛

待將李白從酒店找來時，雖然還在醉中，可是聽說要他翻譯吐蕃文，便興奮異常，一口氣將贊普的信譯了出來。

信中雖然也有念舊情、通款誠一類的話，更多的是炫耀武力、藐視朝廷的強硬言辭，這就使得玄宗和大臣們大爲光火。大多數主張給吐蕃一點顏色看看，先在回信中痛斥並威嚇他們一番，然後作軍事上的準備。

這回信的起草任務，順理成章地落到李白頭上。作爲執筆人，李白自然有發言權。他不同意這種意見，於是作了長篇發言，力排衆議，款款陳情。他從大唐帝國與周邊少數民族和睦相處的重要性，說到戰爭的危害性，以及百姓的和平願望。認爲非到萬不得已，不要輕啓邊釁，把百姓拖入戰爭。如果有些民族的首領缺乏文化素養，或出口不遜，或炫耀武力，只要不危及國家的安全，就應該牽就一點，忍讓一點。這樣既可以不激化矛盾，釀成戰爭，又可以顯出我們泱泱大國的風度。這一次吐蕃贊普能派使者前來，就有幾分誠意，再念他與我朝的親緣關係，就應該給他一個親善的表示，用言辭疏導他，用感情感化他，讓他改變態度，永修和好，以收不戰而勝之效。

李白的這番慷慨陳辭，得到了深明大義者的贊同，自然也遭到眼光短淺、心懷鬼胎者的反對。唐玄宗鑒於當時兵力不足，邊將乏人，正想找一個喘息的時機，以便更有把握地將石堡城奪回來。於是便讚賞李白的意見，並命李白按照剛才所述的理由起草一份致吐蕃國王的信。因爲這封信旨在和睦友好，所以後來就稱它爲《和蕃書》。一觸即發的一次戰爭危機，就在李白的筆下消除了。眞可謂化仇恨爲友善，化干戈爲玉帛，大大緩解了當時甚爲緊張的唐蕃關係。

李白此舉，是他供奉翰林三年最有意義的事，其才能得以在玄宗面前得到充分的展現。如果玄宗就此量才使用，將他從翰林供奉的位置上拔到專司詔命，代草王言的中書舍人一樣位置上，不就天遂人願，李白的大鵬之志不就可以實現了嗎？

可是世事總不依照人們的善良願望發展。一個人在事業上有所成功，往往要招來嫉妒；思想上有所進步，往往要招來毀謗。這就是韓愈所總結的「事修而謗興，德高而毀來」，古今皆然。李白的此次大顯身手，在一些人心中，不僅沒有增加名譽之光，反而埋下了嫉恨的種子。

天子腳下的煩惱

君不見黃河之水天上來，
奔流到海不復回！
君不見高堂明鏡悲白髮，
朝如青絲暮成雪。
人生得意須盡歡，
莫使金樽空對月。
天生我材必有用，
千金散盡還復來。

——李白《將進酒》

當在天子腳下待了一段時間以後，卻發現這帝都、宮廷，並不如他平日所想像的那樣的聖潔、諧美，民間的人慾物情它一應俱全外，更有著少見的虛僞、嫉妒、欺詐與束縛。自己想做的事情不讓做，自己不想做的事情卻不能不做，這不是他的愛自由的本性適應得了的，也不是他的傲岸的性格所能容忍得了的。可是天子的神威，朝廷的制度，還有權勢與名利對自己的誘惑，都教他適應、忍耐與順從。

對此，他對自己作過很大的克制與約束，但是本性難移，總有管不住自己的時候。所以當他對上上下下言聽計從的時候，榮耀與獎賞就紛至沓來；當他傲骨微露，我行我素的時候，就會讒毀叢生，招架不住。

對這種榮辱得失，悲歡苦樂，李白調節不好，也解脫不了。

天子腳下的煩惱就這樣產生了。

酒癮難耐

李白自稱是天謫之才，山野之人，一向疏懶散淡慣了，稍有約束，便忍耐不住，或使性子，或發牢騷。

被玄宗徵召入京以後，李白的這種習性是有所收斂的，因爲再狂放的人，也懂得朝廷是全國的政治樞紐，是天子發號施令的地方，遵守紀律與秩序是最起碼的要求。朝中可以有奸相、佞臣、貪官、酷吏，但絕不能有不遵守朝中紀律的官員，而那些奸邪之人，還往往是最守紀律的人。

李白無疑懂得這個道理，所以開始也還規規矩矩地待在翰林院，除了十天一次的休沐日外出訪友遊覽外，其餘時間都是老老實實待在宮中恭候萬歲爺的差遣，或者諮詢。可是時間一長，就有點憋不住了。

最難忍受的，就是在翰林院不能喝酒。開初酒癮一來，便偷偷溜出去喝；後見無人過問，便大著膽子在酒家亮相，乃至醉臥酒家的事經常出現。到後來幾乎每一次應詔，都是從酒店裡將他拽回去的。

由於酒醉應詔沒有誤事，有時反而比平時更能稱旨，經常受到誇讚，他便更無顧忌了，「長安市上酒家眠」，就成了他生活的一部分了。

他從此不再約束自己，且爲自己找了三條理由：

第一條，這是皇上給我的特權，因爲皇上從未責備我喝酒誤事。不責備，當然就是允許。

第二條，我酒醉之後是最清醒的時刻。醉後應詔，最能稱旨；醉後寫詩，又多又好。我是文學侍從，專爲皇上寫詩作文，爲此喝酒乃是工作的需要。

第三條，我是酒仙，喝酒是生活的第一需要。不讓我喝酒，等於不讓我活命。命之不存，焉能應詔寫詩。

明眼人一看，就知道這是李白自解自嘲爲自己製造喝酒的藉口。可是有一個事實不能不承認，那就是上至玄宗，下至他的同僚，對李白無節制的喝酒，從未干涉過，更未批評過，只是一味的寬容，乃至放縱。這也不外兩種原因，一是李白醉酒確實從未誤事，無可指責；二是宮中有此但願長醉不願醒的浪漫詩人的出入，倒可以作爲嚴肅有餘、活潑不足的宮廷生活的一種點綴和調劑，多一種話題，多一種氣氛，有何不可？

如此，喝酒一事雖小，卻反映出李白的一種苦惱，反映出他與朝廷的隔閡與矛盾。從上述三種喝酒理由的背後，可以看出李白是不甘心作文學侍從的，他要參與政治，參與國家大事，要做輔弼之臣；從朝廷對李白的放任態度可以看出，玄宗僅僅是把李白當作一個宮廷詩人，絲毫沒有讓他參與政治的意思。

天眞的李白似乎並不明白這個道理：酒徒與詩人是可以結緣的，是可以集於一身的，是可以互添光彩的；而酒徒與政治家卻是互不相容，格格不入的。如果甘願長作文學侍從，自然可以長醉不醒，可是他偏要作布衣卿相，那就要自損形象了。「非廊廟器」的帽子就是這樣被人家扣上的，大大影響了自己的政治前途。

群小難防

李林甫口蜜腹劍

如果說李白因特召而進京是一種幸運的話，而他進京的時間就又是一種不幸。因爲此時選賢任能的名相張九齡已經下台，代之而起的是口蜜腹劍的李林甫。此人最討厭新進的文學之士，因爲這些人喜歡議論朝政，而他主持的朝政經不起議論，所以最怕人議論。

他曾公開警告他的下屬，說現在有英明的君主在上，群臣只要照著辦就是了，還有什麼可議論的？你們難道沒有看見殿前儀仗隊裡的立馬嗎？牠們整日不做聲，也不亂動，就能吃到精細的飼料；只要哪一匹鳴叫了一聲，就被拉出去永遠不用牠。後來牠即使保證不再鳴叫，那也不可能回到儀仗隊。他的意思是再明顯不過了，就是叫各級官吏只能俯首貼耳，唯命是從，如果要在朝中說三道四，議長論短，就要被趕出朝廷，永不起用。

李白待詔翰林自然要受李林甫管束，李白生性不服低，豈能甘為他的應聲蟲，由他擺布？李林甫又豈能讓李白過快活日子。李白只是暫時受玄宗寵愛的文學侍從，李林甫卻是一人之下萬人之上的宰相。一旦被他看不順眼，受傷害的必然是李白。所以此人不能不防，卻又防不勝防。

張垍令人討厭

還有一個張垍也是令人討厭的人物。他是開元名相張說的兒子，人長得倒不錯，風度翩翩，舉止瀟灑，玄宗就將自己的愛女寧親公主許配給他，並安排在翰林院任職。因為他是駙馬，當今皇上的愛婿，自然成了翰林院的頭目。

此人沒有什麼學問，只憑其特殊地位飛揚跋扈，連他的哥哥也不放在眼裡。他的哥哥叫張均，也是翰林待詔。張垍經常在哥哥面前誇耀皇上賞賜給他的古董珍玩是如何的多，如何的好。他哥哥聽不慣，也就回了他一句：「這是岳丈送給他的女婿，又不是天子賜給翰林學士，有什麼值得誇耀的？」言外之意是說他作為翰林學士不稱職，無成績可言，僅憑附馬身分趾高氣揚。他後來竟投降安祿山，做了安祿山的宰相，也就不是特別意外的事了。

李白對於這個頂頭上司自然也看不順眼，不要說向他祈求什麼，時有怠慢、頂撞也是可能的事。可是要在朝中立腳，對此人又不能不防，可也防不勝防。一個胸懷坦蕩的人，生活在這群小人之中，能不煩惱、能不萌去志嗎？

侮慢高力士

李白最討厭的人物，恐怕還要算高力士了。此人雖是奴僕，卻是玄宗貼心貼肝的人。他可以藉君命，行己意，權力大無邊，出將入相者都可能在他的手心裡翻船。

李白作爲文學侍從，又得玄宗的賞識與寵愛，待遇自然不一般，據說「每宴飲無不先及，每慶具無不先沾。中廐之馬代其勞，肉廚之膳給其食」。高力士見李白如此神氣，心中很有點不服氣，言談、接觸之中難免有過意不去的地方。

李白對他自然也是又恨又怕，但總想報復他一下，給他一點難堪，破他一點面子，給自己，也給大家出口氣。這可是到老虎嘴裡拔牙的危險事，弄得不好是要吃大虧的。所以方法必須穩妥，時機必須恰當，旣達到輕侮的目的，又讓他無話可說才行。

李白想，高力士之所以如此膽大妄爲，當然是依仗皇上的威勢，他本人是卑微不足論的，只要巧妙地利用皇上的權威，就可殺其威風。何不趁玄宗正瞧得起我，需要我的時候，設法整他一下呢？

機會終於到了。就在醉草和蕃書的時候，因爲李白應了玄宗的急，爲朝廷爭得了面子，玄宗心裡甚爲高興，恨不得叫李白一口氣將和蕃書寫出來。

針對玄宗又喜又急的心理，李白便向玄宗說：「陛下，我喝多了酒，至今全身發熱，悶得慌，能否允許我就此寬鬆一下衣履，舒散一下心胸，以便一氣呵成？」此等小事玄宗當然應允。

當李白鬆了衣帶，又要脫靴時，卻裝著怎麼也脫不下來的樣子，把腳伸到高力士身邊說：「麻煩公公給我幫個忙吧！」高力士沒有想到李白會來這一手，令他尷尬極了。給他脫吧，面子上下不來；不給他脫吧，此時皇上都有求於他，不給他脫，皇上會不會怪罪我？正在疑慮之際，玄宗也用眼光示意讓他幫這忙，高力士也就只得乖乖地給李白脫了靴。李白心中自然樂不可支，可是高力士肚子裡那股惱恨之氣，怕要憋破肚皮了。

高力士的報復

高力士受了這個爲人脫靴的侮慢，自然要尋機報復了，要不報復就不是高力士了。當然高力士也不是簡單的太監，可謂詭計多端。他要報復人，計算人，既狠毒，又不露聲色，叫你栽了大跟頭，還不知栽在哪裡。

就在沉香亭前賞牡丹以後，楊貴妃就陶醉在李白爲她寫的《清平調詞》三章中，日夜吟唱，得意非凡。高力士在反覆聽到她念「借問漢宮誰得似，可憐飛燕倚新妝」的時候，這個粗通文墨的奴才不知從哪裡得來的悟性，忽然想到了報復李白的方法。

他走到貴妃跟前，滿臉堆笑說：「奴才剛才聽到娘娘念唠著李白的《清平調詞》，心裡有點想法，不知當講不當講。」

女人的心裡是容不得別人對自己的議論的，何況是楊貴妃，自然急於要他講。

高力士便扭捏作態地說：「奴才說了，要是掃了娘娘的興，可千萬要恕奴才的罪。剛才娘娘念唠著「借問漢宮誰得似，可憐飛燕倚新妝」，表面上好聽，內裡可不是什麼好話。娘娘想，趙飛燕雖然長得漂亮，可是人品卻是壞透了，誰人不知？李白說娘娘就像趙飛燕，這不是說娘娘的人品也像趙飛燕嗎？這不是惡毒至極嗎？娘娘你說是不是？」

楊貴妃經高力士這麼一挑，眞如五雷轟頂，腦袋都要炸了，心想這村夫李白，如此歹毒，皇上這麼器重他，他卻在暗中侮蔑我，攻擊我，眞該千刀萬剮。在難過一陣以後，便急匆匆跑到玄宗那裡告李白的刁狀去了。這正是高力士所巴望的，心想報復的目的達到了，那就等著看好戲吧。

玄宗當然未必相信高力士這種挑撥性的解釋，但既然已經引起了愛妃的懷疑與忌恨，不管是眞是假，總要站在貴妃一邊才對，於是答應要治一治這個無法無天的李白。

一個翰林待詔，無權無勢，竟然惹惱了高力士和楊貴妃這樣權勢薰天的人物，能有好日子過嗎？能不煩惱叢生嗎？

賜金還山

唐玄宗賞識並愛惜李白的才華，那是有目共睹的，他也看到心比天高的李白長期待詔翰林恐怕不會安心，爲此曾想到爲李白安排一個正式的官職，如中書舍人什麼的。這就既可以留住人才，又可以爲他裝點門面，粉飾太平。可是上上下下說李白壞話的，一天比一天多。有人說他散漫不守朝規，有人說他恃才傲物，頂撞大臣，直到高力士，楊貴妃也都對他恨之入骨，眞可謂「世人皆欲殺」了。

如此看來，李白就是天生的一副窮酸相，不是久居宮中的廊廟器了，只得叫他離開長安，從哪裡來，回哪裡去了。

可是玄宗又不能不考慮到，李白的名氣這麼大，就這樣叫他夾著尾巴離開長安，恐怕又有人要說我不愛才，不惜才，不容才了。於是想到用「賜金還山」的名義讓李白較爲體面地離開長安。

「還山」是遂其宿願，因爲李白是由道士推薦，以道流身分從山中徵召來的，來到長安後又經常嚷著要回去：「我心亦懷歸，屢夢松上月。」「滄浪有釣翁，吾與爾同歸。」如此放他回山是成全他，滿足他自己的願望，自然令李白和旁人無話可說。

「賜金」，自然是恩賞，是對他在朝中作出的貢獻的酬勞，無疑也是一種肯定與抬舉。李白的離開長安明明是被排擠出來的，可是經唐玄宗用政治油彩這麼一塗抹，就變得體面而有光彩了。

李白原是抱著安社稷、濟蒼生的理想到長安來，奮其智能，大展其才的，到頭來落得如此下場，是他萬萬料想不到的。

然而旁觀者看來，這又是預料之中的事。因爲李白的人生哲學中最主要的一條就是以自我爲中心。他認爲身在朝廷輔佐明主，就應該有膽略，有主見，按自己的意志謀劃行事，即使人主有時也不能不聽從安排。如果僅僅滿足於對皇上言聽計從，作忠順的奴僕，那就是一個沒有出息的官僚，不可能成爲管仲、晏嬰和諸葛亮那樣的政治家，就不可能做出「使寰區大定，海縣淸一」的輝煌政績。照他這種想法，皇帝也不過是朝中一員，是自己的上司而已。所以後來蘇軾曾對李白這一點大加讚賞：「戲萬乘若僚友」。

既然連帝王都被他視爲僚友，那周圍的大小官員就更不放在眼裡了，就像蘇軾說的「視儔列如草芥」了。

李白此種強調獨立人格的高傲與自信，自然是與封建禮法格格不入的，自然要遭到權貴的歧視、嘲笑與反對。他在朝中肯定是站不住腳的，就是做一個文學侍從，也是不容許的，他的被擠出長安是不可免的。

作爲千餘年後的讀者，我們倒願意看到李白在長安的狂歌醉態，輕侮權貴，爲千百年來長期受奴役、受凌辱的知識分子出了一口惡氣。而不願意看到李白爲躋身政壇，而收斂鋒芒，低三下四的去逢迎李林甫，巴結高力士之徒，俯首貼耳的去聽從玄宗的使喚。要是果眞如此，千年不可得的天才詩人，就要成爲一個唯唯諾諾的腐朽官僚了。

誤上賊船

仆臥香爐頂，餐霞嗽瑤泉。
門開九江轉，枕下五湖連。
半夜水軍來，尋陽滿旌旃。
空名適自誤，迫脅上樓船。

——李白《經亂離後天恩流夜郎憶舊遊書懷贈江夏韋太守良宰》

辭君還憶君

李白自長安出來以後，雖然浪跡江湖，遁隱山林，求仙，煉丹，甚至奉佛，似乎一切世事都與他無緣了。可是他的功名思想並沒有泯滅。總覺得自己的人生理想還沒有實現，功未成身先退，實在不是自己應該走的路，於心不甘，於情不忍。所以他一方面感到悲憤，情緒很壞。你看他的吶喊：

大道如青天，我獨不得出！

一方面對長安的生活又常常滋生留戀之情，眞可謂「身在江湖，心存魏闕」了。你看他心裡想的：

霜凋逐臣發，日憶明光宮。
狂風吹我心，西掛咸陽樹。

這些詩句說明他雖被逐出朝廷，心中還是忘不了長安，忘不了翰林院的。

他對玄宗的聽信讒言，雖然有些不滿，但對於玄宗特召他進京的恩寵，以及對自己的賞識，還是不能忘懷的。所以離開長安後，他對玄宗還是有幾分依戀，還是抱有幻想的。

他在詩中寫道：「去去復去去，辭君還憶君。」這就有點依依不捨，一步一回頭的味道了。更有甚者，當他一聽到關中的歌曲就會想到玄宗，甚至流下了眼淚：

愁聞出塞曲，淚滿逐臣纓。

卻望長安道，空懷戀主情。

就是對於在長安走馬章台、醉花眠柳的放浪生活，也都在他的回味中：

長安宮闕九天上，此地曾經為近臣。

* * *

昔在長安醉花柳，五侯七貴同杯酒。

因此說，李白離開長安後的心境是極爲複雜的，悲憤中掩藏著熱情，嘆息中伴隨著幻想。對理想，對人生，仍然是那麼熱愛，並未放棄追求。你看他就在吟唱「行路難」的時刻，同樣高歌：

長風破浪會有時，直掛雲帆濟滄海。

所以說，李白從長安出來後，雖然遁跡山林，但未眞正退隱，仍在窺測時機，一有機會還想東山再起，追求事業的成功，追求人生的圓滿。

重燃報國情

天寶十四載（公元七五五年），安史之亂爆發了。叛軍來勢凶猛，官軍節節敗退，不出幾個月，洛陽被占，潼關失守，長安淪陷。中原大地在燃燒，百姓遭殺戮，血流成河，尸堆成山，國家與民族面臨著一場大劫難。

此時的李白，正在江南遊歷，暫棲廬山屛風疊。那是個戰火燒不到的淸靜地方。他已經五十多歲了，又屢經挫折，雄心銳氣，自不如從前，本打算就此避難，繼續過他的悠閒自在的放浪生活，正如他在詩中所寫：

有策不敢犯龍鱗，竄身南國避胡塵。

五非濟代人，且隱屏風疊。

然而面對著國家的殘破，百姓的遭殃，李白又憂心忡忡，夜不能寐，經常發出這樣的慨嘆：

白骨成丘山，蒼生竟何罪！

爲此他身居廬山，心繫中原。對於這樣的現實，他難以忍受：

洛陽三月飛胡沙，洛陽城中人怨嗟。

天津流水波赤血，白骨相撐亂如麻。

經過痛苦的思慮，他逐漸覺得當此國難之日，一切空想可以停止了，一切牢騷可以不發了，求仙可以降降溫了，煉丹爐可以熄火了，做一點制止叛亂，拯救百姓的實實在在的事才是最有價值的。況且當此天下擾攘之際，正是壯士立功之秋。爲此報國熱情重又燃起，預感到建功立業，實現理想的良機又一次降臨到自己的面前。在一扶風豪士的家宴上，李白曾當著「意氣相傾山可移」的主人引吭高歌：

脫吾帽，向君笑，飲君酒，為君吟。
張良未逐赤松去，橋邊黃石知我心。

後兩句是說，功成身退是我的宿願，但我現在之所以沒有像張良那樣隨赤松子去學仙，是因爲我功未成。現在國難當頭，正是報國立功的良機，當然應該投身到平叛的戰場上去。我這種心思你這個黃石公（藉指扶風豪士）是應該知道的。

這都是許國明志的表示，正反映了李白在安史之亂爆發後，久已渙散的報國熱情重又燃燒起來。

下廬山上樓船

當李白正在思慮以什麼方式，通過什麼門徑參與此次平叛，報效朝廷的時候。永王璘的一個使者悄悄地上了廬山，敲開了他的家門。

報國何須考慮

李璘是唐玄宗的第十六個兒子、封爲永王。玄宗在長安淪陷逃往四川的途中，下了一道控制穩定全國局勢的詔書。主要內容是以太子李亨充任天下兵馬大元帥，率領北方諸道兵馬收復長安與洛陽；以永王璘充任南方諸道節度使，統管治理長江流域。不久，太子李亨未經玄宗讓位，便私自在靈武即位，尊玄宗爲太上皇，改元至德，那就是肅宗。肅宗一即位，首先想到他的弟弟永王擁有這麼大的權力和地盤，怕他將來奪他的帝位，於是下詔要永王璘離開江夏，回成都去，守在玄宗身邊。

永王璘心中卻另有打算，認爲現在自己已經擁有大半個中國，而且是戰火沒有燒到的大半個中國，財力、兵源都很充足，現在調我到蜀中，要我放棄這一切，可辦不到。況且你這個皇帝還是未經父皇讓位，私自登基的呢。眼下北方的局勢就夠你應付的，還管到我頭上來幹什麼?於是沒有服從肅宗的命令赴成都，繼續招募將士，籌集軍餉，出師東下，以控制江南更多的土地和財源。

當永王璘的水軍未到潯陽（今九江）的時候，聽說詩名滿天下的大詩人李白正在盧山避難，便決意招攬，以壯自己的聲名。於是立刻派人上盧山延請李白入幕。

李白正思報國無門，自然喜出望外，滿口應承，哪裡還想到其他。

夫人勸阻無效

此時他的宋氏夫人卻給他潑了一盆冷水。

宋氏夫人是相門之女，祖父曾三次拜相，卻不免死於非命。她從祖父的教訓中隱隱約約地看出了帝王家父子兄弟之間的明爭暗鬥。此次永王出兵是否也屬於這樣的性質，雖難肯定，但不能不防。況且對於永王的爲人還不甚了解；肅宗剛剛即位，無治國經驗，難保軍事順利，不出問題。如此在是否參加永王水軍的問題上，還是謹慎一點好。再說一個五十好幾的人了，於此兵荒馬亂之時，想躲避都唯恐不及，還去參什麼軍，平什麼叛，能保全一條性命就算萬幸了。爲此她苦口婆心地勸李白不要應聘，至少要觀察一段時間再說。

李白已經熱血沸騰，哪裡還聽得進這些嘮叨話。可是妻子的話不是沒有道理，其愛護體貼之心也令人感動，所以不便硬抗強行，只能軟磨說服。他反覆向妻子表白自己的壯心，分析當時的形勢，消除她的顧慮；而且也尊重她的意見，向永王璘的使者，表示過疑慮。

最終還是得到了妻子的同意，便隨永王的使者急匆匆的離開廬山，登上了停在大江邊的戰船。與妻子臨別時，李白寫了《別內赴征三首》，其中之一說：

出門妻子強牽衣，問我西行幾日歸。
歸時倘佩黃金印，莫見蘇秦不下機。

詩中希望此次出征能像蘇秦佩六國相印那樣衣錦還鄉。李白的功名欲望又一次升騰，而且決意要從馬背上與戰艦上奪取，所以更帶幾分衝動與豪情。

爲君談笑靜胡沙

李白來到永王璘的水軍中，以爲是永王奉詔鎮守南方，先穩定民心，聚集資財，再揮師北上，直搗安祿山的幽燕老巢。此次應征就是一個難得的報效國家的機會，從而精神振奮，情緒高昂，爲此曾寫了《永王東巡歌》十一首，唱出了自己的雄心與喜悅。第二首寫道：

三川北虜亂如麻，四海南奔似永嘉。
但用東山謝安石，為君談笑靜胡沙。

這是說三川（黃河、洛河、伊河）流經的中原地區，正遭受著安祿山叛軍的蹂躪，燒殺搶掠，無惡不作，百姓紛紛南逃，這跟歷史上的「永嘉之亂」多麼相似。如果永王啓用我李白來指揮這場平叛的戰事，保管能像謝安那樣，在奕棋談笑中，將這胡人颳起的這股血腥的妖風魔沙降伏下來。李白在這裡自比謝安，可以看出他的自負，更可以看出他的勃勃雄心。

還有第十一首：

試借君王玉馬鞭，指揮戎虜坐瓊筵。
南風一掃胡塵靜，西入長安到日邊。

此詩同樣以謝安自比，說只要永王授我以軍事指揮權，我可以高坐在觥籌交錯的瓊筵之上決勝千里之外。只憑永王招募的南方軍隊，就可以將安祿山的叛軍掃蕩乾淨，然後高奏凱歌，進入長安，回到大唐天子身邊。這裡所表現的政治熱情，同樣是那麼高昂、浪漫，並不亞於他第一次被召進京時。這十幾年的尋仙學道，浪跡天涯，絲毫也沒有磨損他的從政熱情與功名欲望。

還有永王璘歡迎他的酒宴上，李白也曾寫詩贈給幕中同僚，詩名爲《在水軍宴贈幕府諸侍御》，詩中一方面頌揚永王按照朝廷的意圖，率領軍隊鎭守南邊，另一面表明自己滿腹經綸無處用，身背寶劍僅防身。如今正好遇上了報國的機會，希望共同掃平安史亂軍的幽燕老巢，以報答朝廷的恩德，即使捐軀，也在所不辭。請聽：

卷身編蓬下，冥機四十年。寧知草間人，腰下有龍泉。浮雲在一決，誓欲清幽燕。願與四座公，靜談《金匱》篇。齊心戴朝恩，不惜微捐軀。所冀旄頭滅，功成追魯連。

如此一片雄心，不僅令他的水軍同僚敬佩；我們今天讀來，仍覺得正氣懍然。令人惋惜，令人悲哀的是，李白的這番熱情與豪氣，竟然是在別人的矇騙下激發的，上了別人的賊船，尚不自覺，還爲賊船的頂風航行高唱讚歌。

身陷潯陽獄

肅宗對永王璘違抗他的命令，不回成都，已經十分惱火；再看到永王揮師東下，意欲占據整個江南，就有點害怕，令他驚恐不安了。因爲那已經表明，永王是藉平叛之名，行叛亂之實，意在奪取他的皇位。

在肅宗看來，此種叛亂的危險性要比安史的叛亂大，於是當即從對付安史叛亂的兵力中調出一部分，矛頭對準永王的軍隊，並形成包圍圈，這就是歷史上常見的所謂攘外必先安內策略的具體運用。這雖然是兄弟之間的爭鬥，由於肅宗是皇帝，輿論上占了上風，一對壘，永王璘的部衆即紛紛倒戈。經丹陽（今江蘇鎮江）一戰，永王璘即潰不成軍，倉皇逃命。結果在大庾嶺被江西採訪使皇甫侁捕到，並立即處死。李白與他的同僚也就樹倒猢猻散，各自逃命。李白在逃回廬山的途中被捕，即以「附逆」罪投進了潯陽監獄。

李白的此次參加永王璘的水軍，可以說是他的第二次從政，又以失敗告終，而且比第一次更慘。如果說李白的第一次失敗要歸於別人的讒毀與排擠的話，這次的失敗則出於他只憑熱情辦事，不作周密思考，對亂雲飛渡的政治形勢缺乏應有的觀察力與判斷力。在這一點上，他不如他的夫人。

求人援救

李白無論如何想不到，自己心存報國，卻落得身陷監獄。事情到這個份上，一切後悔都已經來不及，設法四處求援，以從監獄中脫身，才是最緊要的。而在求人援救這一點上，李白卻失去了往日的浪漫，表現出特有的謹慎，他嚴守著一條求官不求友的原則。

只向權要呼救

李白在潯陽獄中，雖有其宋氏夫人在外爲他奔走，但勢孤力單，不一定奏效；還須自己利用往日的聲名向社會求援。他首先想到的是當時的宰相崔渙。

崔渙爲人正直，以不附楊國忠而受到國人的尊敬。當時被肅宗任爲江淮宣諭選補使，此職就是專管宣諭王命，平反獄訟，選拔人才的。同時他又是一個愛才如命的人，曾經說過這樣的話：「抑才虞謗，吾不忍爲。」意思是說，壓抑人才，招來怨謗，我是不忍心做的。李白在孤立無援，陷於絕境的時候，首先寄希望於他，那是非常明智的。

李白在獄中曾數次寫詩給崔渙，如《獄中上崔相渙》、《上崔相百憂草》等，詩中哀求他推勘實情，替他洗清沉冤，救他一命，情辭哀切，聲淚俱下。如說：

珍禽在羅網，微命苦猶絲。

能回造化筆，或冀一人生？

* * *

與此同時，李白又向當時的御史中丞、江南西道採訪使兼宣城太守宋若思求救。還和著血淚寫成《萬憤詞投魏郎中》，向右司郎中魏少遊哭訴了心中的悲憤，發出了求救的呼號：

南冠君子，呼天而啼。戀高堂而掩泣，淚血地而成泥。獄戶春而不草，獨幽怨而沉迷。兄九江兮弟三峽，悲羽化之難齊。穆陵關北愁愛子，豫章天南隔老妻。一門骨肉散百草，遇難不復相提攜。

經過崔渙、宋若思等實權人物的推勘與庇護，李白終於被解救出了獄。他們的理由，就是肅宗在聽到永王璘被皇甫侁殺死的消息時，並沒有立即宣布永王的罪狀，還假惺惺地說過這麼幾句話：

「你皇甫侁既是生擒我的弟弟，爲什麼不將他送到蜀中父皇身邊去，怎敢擅自就將他殺死呢？好大的膽！」

為此罷了皇甫侁的官職，永不錄用。

這自然是肅宗假仁假義的故作姿態，怕別人說他不念兄弟之情，唯自己的皇位是保。可是人們也就可以依據肅宗的這種姿態判定永王璘事件的性質不屬叛逆。永王尚且未可斷為叛逆，李白的「附逆」罪，也就不能成立，自應無罪釋放。

不向友人求助

論關係，李白本來還可以向另一個重要人物求助，那就是詩友高適。當年李白被賜金還山，從長安出來，路過梁宋，與杜甫和高適相遇，三人登吹台，遊單父，獵孟諸，結下了深厚的友誼，這在文學史上可以說是千載難逢的盛事。

那時候，高適還只是個窮愁潦倒的無業遊民，但現在已經是御史守丞、揚州大都督府長史、淮南節度使，奉命與另外二人率重兵平定永王璘之亂。那就是說，高適是挫滅永王水師的軍事指揮官，權力很大，要救李白易如反掌。可是李白有機會找，卻沒有找他。

當時有一個張秀才要去投奔高適，李白還曾爲他寫詩送行，即《送張秀才謁高中丞》，詩中只吹捧了高適兩句：「高公鎭淮海，談笑卻妖氛。」既沒有開口向高適求援，也沒有請張秀才代爲陳情。

李白當時想，此次下獄，實屬冤屈。拋開本爲平叛報國的初衷不說，就說來到永王幕中也不過幾個月時間，身上無一官半職，手中無一兵一卒，這怎麼能算從逆呢？此種冤屈，我向上級官員申訴，請求覆核昭雪，那是大唐臣民最起碼的一種權利；上級官員爲民請命，爲民伸冤，也本是份內之事，用現在的話說就是公事公辦，所以三番兩次給崔相與宋中丞等寫詩寫信，請求推覆清雪。

對朋友則不然。高適雖然與他有梁宋之遊，情同手足，那可是他窮困時候的交情，現在他身居高位，還認不認我這個落難的朋友，尙很難說，因爲世間富後不易友的人是很少的，正如他的詩中所寫的：

他人方寸間，山海幾千重。

輕言託朋友，對面幾疑峰。

再說高適爲人愼重，深知並嚴守官場規矩，頗有點政治家的眼光與作風，因此官運亨通，直到封侯。唐代成百上千的詩中發得最火爆的就要數他。對這樣的朋友，李白如果貿然相求，不外有這幾種結果：一是高適不念舊情，置之不理；二是有心相救，卻怕惹麻煩，有礙他的前程，猶豫不決；三是不計利害，捨身相救。這三種結果都不是李白所願意接受的。第一種結果，那是自討沒趣，有損自尊心；第二種結果那是給朋友添煩惱，於心不忍；第三種結果那是損人利己，良心不允許。所以決心不向高適求救。

這樣可能會失去一種強有力的援救，卻並沒有給自己增加精神負擔。這就是李白豪放之外的一種細心與縝密。後來果然不見高適對李白有任何關心的表示，證明李白並沒有看錯人。

不求自來的援救

在李白可以求援而沒有求援的友人中，除了高適外，還有郭子儀。那是二十多年前在太原結識的。

那時的郭子儀還是軍隊中的普通士卒，由於犯了一點小錯誤，正要受到嚴厲處罰。李白曾爲他向上級求情，免除了刑責，並大大誇獎了郭子儀一番。郭子儀一直感恩在心。

現在的郭子儀可謂權傾天下了，官至左僕射兼天下兵馬副元帥，相當於現在的政府總理兼軍隊的副總司令，正在北方領兵，與安史叛軍周旋廝殺，功勳卓著。

當郭子儀聽到李白入獄的消息時，心中不免一怔。他知道這附逆的罪名不輕，可能會處以重刑。郭子儀雖是行伍出身，但對於知恩不報非君子這一傳統道德卻是銘刻於心的。他覺得這是一個非常難得的報恩機會，決心要救李白。

正當他思量通過什麼途徑救李白出獄的時候，又傳來了更壞的消息，說什麼李白已定爲死罪，正待秋後處決。他意識到事情已經刻不容緩，找任何人都已經來不及，只好急匆匆親自出馬，直接向肅宗求情。

由於不知道李白一案的詳情，不好爲李白辯明是非曲直，洗刷罪名，只得直來直去地向肅宗表示：「李白是我的恩人，我願意用自己的全部功名與官職來贖李白的罪，以換取他的生命。」

大概是肅宗鑒於郭子儀的平叛功勳與懇切態度，也就同意了他的請求，免了李白的罪。由此看來，李白的出獄，除了崔渙和宋若思的營救外，暗中起大作用的，恐怕還是郭子儀的出面，要不然不可能如此順利快捷。

郭子儀的暗中出面，當然沒有讓李白知道。當李白從旁得知其中原委後，不能不使他感慨萬分：

與讀書人交友，尤其是與已步入官場的讀書人交友，可能隨著時間的推移與利害得失的變化而前後不一，冷暖不一；與農民、武夫交朋友，卻是「貴賤結交心不移」，始終如一，表裡如一，年愈久，而情愈深。

漫漫夜郎道

夜郎萬里道，西上令人老。
掃蕩六合清，仍為負霜草。
日月無偏照，何由訴蒼昊？
——李白《經亂離後天恩流夜郎憶舊遊書懷贈江夏韋太守良宰》

壯心難滅

按照常理，一個人如果經過一場大的劫難，死裡逃生過後，總會找一個安靜的港灣，將自己隱蔽起來，供自己休養與反思；如果又是到了垂老之年，那更會萬念俱灰，連安排個人的晚年生活都沒有興趣了，哪裡還會有什麼追求與理想可言。可是年已五十七歲的李白從潯陽監獄中出來後，卻並不這樣想，更不這樣做。

他獲釋後，並沒有回廬山家中，也沒有繼續求仙學道，而是自願留在救他出獄的御史中丞宋若思幕中，當一個參謀，處理一些文書事務。李白並沒有嫌這差事低賤，大材小用，總是把事情做得妥妥帖帖。他覺得現在天下大亂，百姓遭殃，能為平叛做一些實際工作，也是非常有意義的事，自然其中也包含著對宋若思的感恩因素。如此看來，李白經過此次折騰，看問題，做事情，比以前務實多了。

最可貴的是他經過此次折騰，並沒有就此放棄自己的理想，掩藏自己的銳氣，相反比往日更爲熱心。他先是纏著宋若思，要他向朝廷推薦自己；宋推託事情太忙，他便替宋代擬推薦表，這在前面已經說過。

當他知道自己爲宋若思代擬的自薦表不見反響時，便預感到自己的問題並沒有徹底解決，「從逆」之罪並沒有完全洗清。心中有點害怕，便主動離開宋若思，逃至宿松（今安徽宿松縣）山中，假裝養病。就在這種情況下，他仍然寫詩給當時任宰相兼河南節度使的張鎬，這就是《贈張相鎬二首》。

詩中除了自叙身世，回憶往日友情以外，更談到當時的形勢，表示極願爲平叛出力，以實現自己的報國之志。請看：

一生欲報主，百代期榮親。其事竟不就，哀哉難重陳。卧病宿松山，蒼茫空四鄰。風雲激壯志，枯槁驚常倫。聞君自天來，目張氣益振。亞夫得劇孟，敵國空無人。

其迫切的心情，風發的意氣，並不亞於青年時代。還有：

撫劍夜吟嘯，雄心日千里。
誓欲斬鯨鯢，澄清洛陽水。

就常人看，這是李白的自作多情。自己的「附逆」罪名尚未澄清，別人怎麼會讓你參與軍事，掌握兵權呢？這不是孩子般的天眞嗎？不過，正是這種對國事的多情與天眞，才顯出李白的愛國本色和不服老精神。

至於這是不是李白爲洗淸自己的附逆罪名，除掉這個套在自己頭上的緊箍咒，而故作姿態呢？當然不能排除這個可能。不過，即使如此，不也正說明李白對從璘事件有所認識，有所悔恨，並想立功補過嗎？

自然，李白如果沒有從璘一舉，能否在垂老之年有此等言行，那就難說了。

長流途中

事情果然不出宋若思等人的疑慮和李白本人的擔心，李白出獄兩個月後，又以原罪再一次被抓回潯陽監獄。

原因非常明顯而簡單，那就是肅宗改變了態度。當時北方戰事緊張，勝負未定，爲了籠絡人心，曾責備皇甫侁錯殺了他的愛弟，後來北方戰局大有好轉。長安與洛陽等先後光復，那就有時間來對付此類威脅到他皇位的極爲敏感問題了。永王的行動如果不及時定性嚴懲，就有可能讓其他兄弟仿效。永王既已被處死，嚴懲其脇從人員，自然也就是一種警戒了。可憐李白就成了他們兄弟之爭的犧牲品。

在獄中又過了幾個月，李白被判流放夜郎，並於乾元元年（七五八年）春天啓程。

夜郎本爲漢時西南一個小國的名稱，唐時爲縣，屬珍州，在今貴州正安縣西北。夜郎地處邊遠，離長安足有二千多里，這在當時的流放屬最重的一種，須在那裡服役三年。所以李白反覆念叨：「三年吟澤畔，憔悴幾時回。」「三年夜郎還，於茲煉金骨。」

李白赴夜郎，走的水路，通過三峽，貴州。由於交通不便，心情沉重，行程極爲緩慢，走了整整一年才到白帝城（今四川奉節）。其間的艱苦，從他的《上三峽》一詩中可見一斑：

巫峽夾青天，巴水流若茲。
巴水忽可盡，青天無到時。
三朝上黃牛，三暮行太遲。
三朝又三暮，不覺鬢成絲。

不過「流放」還不同於「充軍」、「刺配」等其他流刑，人身自由並沒有受到太多的限制。流放途中和服役期間，仍可探親訪友，送往迎來。那時的官場和士林中人物，對被流放者並不疏遠，更不迴避，不怕有什麼牽連。爲此李白在漫長的流放途中，新老朋友，一路宴請，酒沒有少飲，詩也沒有少寫，有時倒也不十分寂寞。

當他到達江夏時，原宰相張鎬還千里迢迢派使車專程爲他送來兩件羅衣。老朋友張謂，時爲尙書郎，恰好出差到了夏口（今漢口），就在漢陽南湖設宴招待李白，還請李白爲此湖命一美名，以傳不朽。李白爲答謝尙書郎的盛意。

即命爲「郎官湖」：「郎官愛此水，因號郎官湖。」

還有一位姓王的漢陽縣令，對李白也非常熱情，經常邀請李白參加各種各樣的歡宴。

這些無疑使李白得到很大的安慰，減輕了一些痛苦，但是作爲被放逐的人，任憑多大的關心與安慰，也是不能消除心底的憂傷與悲哀的，所以李白常常呼號：

遠別淚空盡，長愁心已摧。

此種情思在其名詩《與史郎中欽聽黃鶴樓上吹笛》中表現得更爲含蓄深沉：

一為遷客去長沙，西望長安不見家。
黃鶴樓中吹玉笛，江城五月落梅花。

白帝遇赦

李白艱難地通過三峽，到達夔州奉節縣時，傳來了意外的喜訊。因關中大旱，肅宗下詔大赦，李白也在大赦中。他高興極了，興奮極了。

江陵一日還

李白人已到了奉節，也就跨進了蜀國的大門。已闊別故鄉三十餘年的李白，照說也應該回故鄉走走了，可是流放夜郎的陰影，尚未完全驅散，使他無意於此刻回鄉，於是當即買舟東下，回到江陵。途中寫下了《早發白帝城》一詩，記下了他的遇赦後的歡快心情：

朝辭白帝彩雲間，
千里江陵一日還。
兩岸猿聲啼不住，
輕舟已過萬重山。

你看，清晨的一抹霞光，將山上的晨霧染得五彩繽紛，從江面上仰望，白帝城就藏在這絢麗的彩雲之中，多麼神奇美妙，就像仙境一般。他將白帝看得如此美麗、神奇，完全是他的心情變化所致。在他上三峽時，是那麼愁苦滿面：「我去黃牛峽，遙愁白帝猿。」「三朝又三暮，不覺鬢成絲。」可是現在山也變了，水也變了，白帝城也變了。

「千里江陵一日還」，用空間之大（千里）和時間之短（一日）形成的反差，表現出一個「快」字，輕舟如飛，千山萬嶺一閃而過。這是從舟行之快捷，體驗自己心情的歡快，就像一隻脫出樊籠的鳥飛向天空那樣，是那麼輕鬆自由，心花怒放。

此詩之所以爲人們所喜愛，是因爲詩中不單是可以見到高山急流，飛舟劈浪，高猿長嘯等驚心動魄的景象，更可以體會到李白那種絕處逢生的歡快愉悅之情。

垂老還請纓

照說李白經過了人生的這一大挫折，又已是垂暮之年，該是心灰意冷了吧。可李白不這麼想，他覺得愈到暮年，愈要爭取時日建立功名，以便退隱。尤其是如此從歧途中抽身，便無聲無息地遁入山林，了此殘生，實在是作賤自己，葬送自己，作爲一志士還有什麼比這個更令人痛苦與悲哀呢？

爲此當他回到江夏時，即向自己的朋友漢陽縣令表示：

今年赦放巫山陽，蛟龍筆翰生輝光。
聖主還聽《子虛賦》，相如卻欲論文章。

意思是說，現在遇赦歸來，似乎獲得了生命的第二個春天，詩興文思掩抑不住，希望當今聖上委以執掌翰墨大任。

在江夏又對即將離任赴朝任職的江夏太守韋良宰坦誠相求：

君登鳳池去，勿棄賈生才。

意思是說：您到了朝廷，千萬不要遺棄我這個像賈誼那樣有治國之才的人，務必向朝廷推薦我。

同時在《臨江王節士歌》中大發感慨，表明報國心跡：

白日當天心，照之可以事明主。

壯士憤，雄風生，

安得倚天劍，跨海斬長鯨。

一個年屆六旬的老人，仍是那麼英姿勃勃，不減當年大鵬雄風，不能不令人敬佩。

直到李白逝世前一年，已經六十二歲了，當時的天下兵馬副元帥李光弼率大軍南下，平定東南，李白還毫不猶豫地趕往徐州，投奔李光弼，以償報國心願，雪清入獄恥廝。只可惜人老馬弱，走到半路便病倒了，只得返回金陵。爲此他非常懊喪，認爲是「天奪壯士志」，只得「長吁別吳庭」，如此老來尙請纓的詩人，歷史上能有幾人？

李白對功名仕宦的汲汲以求，始終未能如願，只能賫志以終。有意思的是當李白死後好幾個月，墓上已長出了青草的時候，卻從長安傳來了代宗徵召他爲左拾遺的詔書。這無疑是對李白一生追求的報國宏願的一種嘲笑，同時也是對大唐帝國所謂廣攬人才，野無遺賢的清明政治的一種諷刺。

此種滋味，其實不只是我們現代人所能辨出，白居易早在一千多年前就已經深解。他爲紀念李白寫的《李白墓》一詩，就品察出了這種不是味道的味道：

采石江邊李白墳，繞田無限草連雲。
可憐荒壠窮泉骨，曾有驚天動地文。
但是詩人多薄命，就中淪落不過君。

尋仙篇

李白一向被稱爲詩仙，又稱爲酒仙。這不僅僅是因爲他的詩寫得多，寫得好；酒喝得多，喝得痛快，也還因爲他無論寫詩，還是喝酒，總帶著仙家的氣度與風格，他的思想和生活無不散發著一股濃厚的仙氣。

縱觀李白的一生，從政與求仙是他終身追求的雙重人生目標。這兩種追求，有時候是雙管齊下，同時進行，有時候則有所偏重，但無論是醉心於哪一方面，對另一方面也絕不廢止，氣候與環境一變，他可以立即由此一目標轉向另一目標。

在從政上，李白是下了氣力的，卻以失敗告終；在求仙上，李白也是全身心投入的，自然也沒有成爲神仙。正如從政的失敗，使他與現實發生磨擦，從而寫出了痛快淋漓的詩篇一樣；求仙的生活使他與大自然接近，從而寫出了優美清新的詩篇。

時代的誘惑

清齋三千日，裂素寫道經。
吟誦有所得，衆神衛我形。
雲行信長風，颯若羽翼生。
攀崖上日觀，伏檻窺東溟。
海色動遠山，天雞已先鳴。
銀台出倒景，白浪翻長鯨。
安得不死藥，高飛向蓬瀛。

——李白《遊泰山》（之四）

李白迷上神仙之說是很早的。他自己說「五歲誦六甲」，「六甲」就是一種道教術數。他少年時代即遍訪過蜀地道教名山戴天山、青城山、峨眉山，與道士有過頻繁的交往。當他仗劍去國，跨出夔門以後更是與道教神仙難解難分，眞如他自己所說：「十五遊神仙，仙遊未曾歇。」

李白的信奉道教，迷戀神仙，何以這麼早，何以這麼深？難道是他天生的仙風道骨？眞的是天上貶謫下來的仙人？難道是有家學淵源，就像王維信佛受其母親的影響一樣？當然都不是。而是與當時的社會風尙與生活環境分不開。

皇家的號召

道教是我國土生土長的一種宗教，至唐代尤爲興盛。

道教最初以老子李耳爲教祖，被尊爲道德天尊，李唐皇室自稱爲老子的後人，所以特別推崇道教，就像是李唐王朝的國教。

高祖武德八年（六二五）曾給三教排定了次序，道教居首，儒教次之，佛教居後。

高宗乾封元年（六六六），尊封老子為太上玄元皇帝。

玄宗更好神仙，曾託言夢見老子，大畫老子像，頒佈天下。尊老子的著作為《道德眞經》，尊莊子的著作為《南華眞經》，並親自為《道德經》作注，命人傳寫，要求士民每家至少藏一本。曾前後召見道士張果、葉法善、司馬承禎、王希夷等，或厚賞、或賜官，優禮有加。同時下詔，要求兩京及各州郡均應置玄元皇帝廟一所，廣為供奉。

在法律上也給道士，女冠以特權，規定凡道士、女冠犯罪，各州縣不得擅行決罰，如果未按規定辦事，還要治州縣官的罪。

為此信道者特多，連皇帝的女兒也要求出家當女冠，像睿宗的女兒金仙公主與玉眞公主就當了女道士，睿宗還為她們各建了一座道觀。

皇室與朝廷如此尊崇道教，無異於向天下人發出號召，大家都來信道求仙。

「活神仙」的招搖

說來也怪，世界上的宗教都只是強調人的靈魂可以不滅，但肉體是無論如何要消失的。像基督教認定靈魂可以升天，也可以下地獄，但肉體是注定要死亡的。印度的佛教也下結論說，靈魂可以轉世再生，但人壽終歸有限，屍身不可長留。

然而中國的道教認爲，只要潛心修煉道法，人人可以成爲神仙，靈魂與肉體都可以長生不死，永留天上或人間，享盡宇宙間的一切快樂與幸福，不受時間與空間的限制。

這種可以使自己的生命無限延長的理論，自然會吸引更多的信徒。誰不願意即世成仙呢?尤其是那些好奇的，不願意失去人間享樂的人，更對他產生濃厚的興趣。

道教既有這種理論，自然還要有活的標本，才能使人信服，如此一些「活神仙」便應運而生了。這些標本，歷代都有，到了唐代更多，曾轟動一時的就不少。

有個名爲張果的道士，隱居中條山，謊稱自己生於堯時，握有長生不老之術。一般人相信還不打緊，連大唐天子玄宗都相信，影響可就大了。

開元二十一年，玄宗派遣朝廷要員，帶著國書厚禮將他延入宮中，問以國政與神仙之事。更爲出格的是玄宗還打算將自己的妹子玉眞公主嫁給他。這位「活神仙」還故賣關子，不領玄宗的情，不願娶玉眞公主。

玄宗只得賜官銀青光祿大夫，封爲通玄先生，厚賞銀帛，並爲他營造棲霞觀，當作神仙供奉。

還有一個稱爲焦煉師的女道士，也被人當作活神仙。傳說她生於齊梁，活了好幾百歲，其相貌卻只有五、六十歲。李白還曾去嵩山尋訪過她，只是沒有見著，爲此寫了《贈嵩山焦煉師》一詩，詩前小序對這個活神仙作了如下介紹：

嵩山有神人焦煉師者，不知何許婦人也。又云生於齊、梁時，其年貌可稱五、六十。常胎息絕穀，居少室廬，遊行若飛，倏忽萬里。世或傳其入東海，登蓬萊，竟不能測其往也。余訪道少室，盡登三十六峰，聞風有寄，灑翰遙贈。

這些長生不死的活標本，對世人的蠱惑是不可小看的。很多人，包括李白在內，就是受了他們的煽動，迷上了長生不死之術的。

道士受禮遇

有唐一代既以道教爲國教，對道士的優寵自不待言，尤其是對那些士人出身的，有理論建樹的大師們，更是當作貴賓迎來送往，規格之高，款待之盛，到了無以復加的地步。

司馬承禎在當時是一個紅極一時的道壇巨星。他是陶宏景的正一派道教的第四代傳人，從師父潘師正那裡學得了一套祕傳的符籙，以及辟谷、導引、服餌等法術後，棲隱於天台山。由於對道家理論有所發揮與建樹而聞名天下。武則天曾將他召至洛陽，親降手敕表揚他，還山時還派遣官員在洛陽橋東爲之餞行。

睿宗朝，也曾派司馬承禎的哥哥將他從天台請至宮中，問以陰陽術數。他勸睿宗將老子的那套無爲理論用於治國，深得睿宗的讚賞。還山時免不了又有一批饋贈，朝中官員寫詩贈別者達萬餘人。

玄宗對司馬承禎更是優寵有加，曾兩次遣使迎至長安，親受法籙。特爲他在王屋山營建陰台觀，親自爲其題寫匾額。並叫自己的妹子玉眞公主向他學習，往其居所「修金篆齋」。死時八十九歲，玄宗爲之下詔旌表，追封爲銀青光祿大夫，號貞一先生，並親自爲他撰寫碑文。

對這樣一位德高望重，名震朝野的大道士，李白自然十分景仰，沒有想到居然就在他出川不久，還有機會在江陵拜見他，更沒有想到會得到他的誇獎，說他有仙風道骨，可與他神遊八極之表。能得到這樣的讚賞自然不容易。使得李白高興得飄然欲仙，而且從此認定自己是一塊天生的學道材料，對自己的學道前途充滿了信心。

大道士葉法善，括州括蒼（今浙江麗水）人。自其曾祖起，三代爲道士，都善養生占卜之術。他本人尤善符籙，能鎮壓鬼神。有一次他在洛陽淩空觀設壇醮祭，城中士文競相前往觀看。突然有數十人自投火中，觀衆都大驚失色，經搶救才免於難。葉法善說，這些人都有鬼附身，被我的法術所鎮伏，由此揚名四海。高宗聞其名，將他徵召進京，準備給他加官進爵，被他婉然謝絕。

自高宗、武則天，至中宗的五十年時間裡，葉法善被數次召入宮中，帝王們都向他問道，盡以貴賓之禮，賞賜甚厚。睿宗拜他爲源臚卿，封他爲越國公，還給他父親贈一個歙州刺史的官。他活了一百零七歲，死於開元年間。玄宗曾爲他下詔，舉國哀悼，並贈他一個越州都督的官銜。他所受到的尊寵，在當時是沒有人比得上的。

還有一個吳筠，本是一個儒生，由於沒有考上進士，便遁入嵩山當了道士，後來又到了茅山與天台山。他不僅精通道術，還善爲文辭，與文士交往甚密。玄宗聞其名，將他召入宮中，談得非常投機，即令他待詔翰林，不僅神仙修煉之事問他，名教世務之事也問他，成了玄宗的特別顧問。

李白與吳筠也有交往，據說李白的被玄宗召用，就是這位道士向玄宗推薦的。

李白在蜀中時，對學道本已經產生了濃厚的興趣，但總認爲求仕與求仙是背道而馳的，顧了這，就顧不了那。所以在離蜀辭鄉時所寫《別匡山》一詩中，不無遺憾地說：

莫怪無心戀清境，已將書劍許明時。

這就是說為了實現大丈夫的四方之志，只得與山林告別，仗劍負書去闖天下。

然而從司寫承禎等人身上，李白卻看到了求仕與求仙並不矛盾的一面，在特定的情況下，是可以殊途同歸的。這些著名道士在朝廷所受到的禮遇，所得到的官爵，所顯示的榮耀，並不比功臣名將差，而且得來是那麼輕鬆，那麼浪漫。這就促使他重新考慮他的出仕途徑：求薦與求仙並舉。求人推薦是直線求仕，求仙問道就是曲線求仕，司馬承禎等人就是成功的榜樣。

故鄉的厚禮

蜀國多仙山，峨眉邈難匹。
周流試登覽，絕怪安可悉？
青冥倚天開，彩錯疑畫出。
泠然紫霞賞，果得錦囊術。
雲間吟瓊簫，石上弄寶瑟。
平生有微尚，歡笑自此畢。
煙容如在顏，塵累忽相失。
儻逢騎羊子，攜手凌白日。

——李白《登峨眉山》

蜀國多仙山

李白的故鄉是一個爲道風仙氣所瀰漫的地方。

道教就是東漢順帝時，由其創始人張道陵在蜀郡鵠鳴山（今四川大邑縣境內）建立的，其根基與影響自然要比其他地方深遠。標誌之一就是大大小小的山岳，大多有道士棲隱其中，仙風繚繞，神祕莫測。遠的不說，就在李白的家鄉綿州彰明縣（今江油縣）境內和周圍就有不少。

在彰明縣西南四十里，有一座紫雲山，是一個小有名氣的道教聖地。李白對它很有感情，數十年後還寫詩懷念它：

家本紫雲山，道風未淪落。

離縣城十里，還有一座竇圌山，山形奇特，兩個山峰突立插天。傳說是眞人竇子明的修道之所，也說是彰明縣的一個叫竇子明的主簿隱居於此。無疑這也是李白常來的地方。十五歲那年還寫了一首《題竇圌山》的詩，可惜全詩已佚，只留得殘句：「樵夫與耕者，出入畫屏中。」此山給李白留下的深刻印象，使他數十年後還寫詩 追慕起山中的修道人：

願隨子明去，煉火燒金丹。

離城三十里的戴天山，又名大匡山、大康山，也是道士們的棲息之地，曾被李白選爲讀書的地方。

還有青城山雖然離彰明稍遠，卻是道教名山，被列爲道教的第五洞天，傳說黃帝曾封它爲五岳丈人。仙人洪崖就隱居其中，因號「青城眞人」。歷代著名道士張道陵、范長生、孫思邈等都曾棲隱其間，深不可測，祕不可聞。李白就曾爲其仙氣氤氳所吸引，邀上東岩子隱居其中，養珍禽千計。

峨眉山在唐時也曾爲道教名山，李白曾多次登臨，並寫詩記遊，儼然有託身之雲之意。希望能夠在山中遇上仙人騎羊子，共同飛升成仙。

騎羊子，就是葛由。傳說周成王時，葛由喜好雕刻木羊，拿到市集上去賣，後經仙人點化成仙，有一天他忽然騎著他刻的木羊到了西蜀，蜀人見了，覺得非常奇怪，便追隨其後，上了峨眉山西南的綏山。結果跟去的人沒有一個人返回，都得了道，成了仙。

這些大小仙山，有著各自不同的神奇的來歷和動人的傳說，以及優美的山水風景，這對於好學又好奇的李白來說，無疑具有不可抗拒的誘惑力，常常是來而復去，久居不還。

友人多道流

從現存的一鱗半爪的文字記載中，我們可以看出少年李白在故鄉結交的朋友中，多是道流。

首先是戴天山的道士。因爲李白曾於戴天山喬松滴翠的芳草坪讀書數年，結識此山深處的幾個道士是很自然的事。有一次李白前去探訪他的一個道士朋友，卻沒有遇上，便寫了一首詩，那就是《訪戴天山道士不遇》：

犬吠水聲中，桃花帶露濃。

樹深時見鹿，溪午不聞鐘。
野竹分青靄，飛泉掛碧峰。
無人知所去，愁倚兩三松。

從所描寫的清靜、優閒的桃源景象看來，他對此淡泊與高潔的一片淨土，充滿著向嚮之情。從其造訪不遇，而感到爽然若失的情懷，也可見他小小年紀就喜歡與道士為伍，常在道院門口徘徊了。

他的詩集中還有一首《尋雍尊師隱居》，也是少年時代在蜀中寫的。這位雍尊師也是故鄉彰明縣的一個道士，未知隱於何山。李白慕名前去尋訪，倒是見著了。由於趣味相投，話語就多起來，不知不覺「語來江色暮，獨自下寒煙」。看來李白的思想與生活，愈來愈帶點仙道色彩了。

在匡山讀書期間，李白也還往來旁郡，與州縣官吏有些接觸，沒想到跟他交往的官吏中竟也是些道教信徒。你看他的《贈江油尉》一詩：

嵐光深院裡，傍砌水泠泠。

野燕巢官舍，溪雲入古廳。
日斜孤吏過，簾卷亂峰青。
五色神仙尉，焚香讀道經。

由此看來，蜀中的道風仙氣確乎很盛，不僅瀰漫了深山高丘，連官舍衙門也給籠罩了。請看這縣尉，本是管一縣的治安的，他卻將自己辦公的地方弄得野趣盎然，像個道院。自己則身著五彩斑斕的道裝，焚香獨坐，讀起道經來，這就是一個不折不扣的道士了。李白與這位縣尉的結交，大概就由於彼此對學道有著共同的興趣。

還有與李白共同隱居於青城山的東岩子，毫無疑問也是道士圈子中的人物。

這些都是李白的故鄉送給他的一份豐厚的禮物，夠他終生受用。

道友的影響

元丹丘，愛神仙。
朝飲潁川之清流，
暮還嵩岑之紫煙。
三十六峰常周旋。
長周旋，躡星虹。
身騎飛龍耳生風，
橫河跨海與天通。
我知爾遊心無窮。

——李白《元丹丘歌》

李白出川以後，與道士的交往甚為頻繁，所結交的道士很多，有男有女，有老有少。然而對李白影響最大，決定著李白的道士命運的也只有三位。

一位就是已多次談及的道教大師司馬承禎，他曾親自誇讚李白「有仙風道骨，可與神遊八極之表」，這無異是一種點化，使得李白像著了魔似的，嚮往著青崖白鹿，煙林松月，迷戀煉丹爐，錦囊術。然而由於地位與年齡的差異，李白不可能從他為師，他只是一個精神偶像，通往神仙的路，還要自己去苦心摸索探求。

在求仙學道的路上，能夠給李白以具體的幫助與關心的莫過於元丹丘和賀知章兩位道友。

異姓天倫元丹丘

元丹丘是開元、天寶年間的道士，交際很廣，道、禪兼通，小有名氣。

李白與他結交很早，至少在李白定居安陸的時候，他們就已經相識，因為李白拜訪安陸都督馬正會，還是和元丹丘一道前往的。從此他們結成生死之交，直到終老。李白曾說他們兩人是「投分三十載，榮枯同所歡」，絲毫沒有誇張。

由於志趣的相投，性情的相近，李白曾隨元丹丘在潁陽、嵩山一帶，共同隱居，一起論道談玄。在李白集中就留下了一首《與元丹丘仙城寺談玄作》的詩。談玄，即談禪理。李白後來也染指佛理，竟稱自己是金粟如來的後身，也就是受到這位道友的影響。

這位元丹丘同樣是生活放蕩，不拘形跡的。李白與他常常以道會友，敞杯痛飲，佯狂罵世。且看李白多麼渴望這樣的聚會：

喜茲一會面，若睹瓊樹枝。憶君我猶來，我歡方速至。開顏酌美酒，樂極忽成醉。我情既不淺，君意方亦深。相知兩相得，一顧輕千金。且向山客笑，與君論素心。

李白最有名的任達放浪之詩《將進酒》就是在元丹丘的潁陽山居，與友人置酒高會時寫出的。

求仙訪道，參拜名師，自然更是這對道友的共同興趣。元丹丘曾邀李白與他們的共同朋友元演，一同去隨州拜見著名道人紫陽眞人。紫陽眞人姓胡，是司馬承禎的再傳弟子，是元丹丘的老師。李白對此拜見感到非常榮幸，曾有過這樣記錄：

吾與霞子元丹，煙子元演，氣激道合，結神仙交。殊身同心，誓老雲海，不可奪也。歷行天下，周求名山。入神農之故鄉，得胡公之精術。胡公身揭日月，心飛蓬萊。起餐霞之孤樓，煉吸景之精氣。延我數子，高談混元。金書玉訣，盡在此矣。

隨後又在紫陽先生的牆上題詩一首，詩末云：「終願惠金液，提攜凌太清。」也就希望紫陽先生送他最好的仙藥，提攜他飛升上天。

元丹丘不僅在求仙上給李白提供方便，指引門徑，同時在李白的求仕上，也盡量利用他的關係，給搭橋引線，滿足李白的心願。天寶初，元丹丘被召入京，任西京大昭成觀威儀，主持該觀事務。據說就是元丹丘通過持盈法師，也就是玄宗的妹子玉真公主的關係，向玄宗推薦了李白，才使李白得以被召入京。

總之，李白對道教的感情愈來愈深，生活習慣染上濃厚的道風，直到後來決心加入道教，都與這位元丹丘有密切的關係。

四明狂客賀知章

賀知章可以說是李白的詩友、酒友與道友，對李白影響不小。

賀知章屬風流倜儻之士，性格曠放，不拘小節，言談幽默詼諧，很得人緣。他的表弟工部尙書陸象先說：「賀兄言論妙趣橫生，眞可謂風流之士。我與子弟離別再久，也從不想他們可只要一日不見賀兄，就覺得生活是如此俗氣乏味，沒有意思。」

他嗜酒如命，曾被杜甫列入飮中八仙，說他無時不刻不在醉中：「知章騎馬乘船，眼花落井水底眠。」他的文辭、書法均有相當造詣，尤其是醉後揮就之作，更爲可觀，人傳爲寶。

他的官做得不小，曾任禮部侍郎，太子賓客、銀青光祿大夫兼祕書監，想來官是做得挺認眞的，要不然就不會如此步步高升，得到玄宗的寵信了。

到了晚年更加狂放不羈，毫不檢點，自號四明狂客，又稱「祕書外監」。不計身分，不顧年紀，求仙拜佛，串街遊巷，消遙自賞。

當李白初次來到長安後不久，就在長安紫極宮（玄元廟）與賀知章相遇。李白的瀟灑風姿首先就使賀知章感到驚奇，接著便要看李白的詩，李白當即將近作《蜀道難》奉上。

賀知章邊讀邊嘆賞，詩一讀完便有雲裡霧裡，飄然不知所歸之感。他覺得從來沒有讀到這樣的好詩，彷彿不是人間凡人所寫，而是天上仙家所爲，所以連呼李白爲「謫仙人」。

當時賀知章身上大概帶的零錢不夠用，便解下腰間所佩的金龜到酒家換取好酒，與李白共飲，各盡海量，同醉同歡，以慶賀初次相遇。

論年紀，賀知章要大李白四十二歲，名副其實是李白的老前輩。李白平日對賀知章的出衆才華、浪漫性格，及其顯赫的地位，早有所聞。此次相遇當然有說不出的高興，尤其是對「謫仙人」的讚評，更使他得意非凡，就像司馬承禎稱他有仙風道骨一樣，喚醒了他的天仙意識，使他感到自己確有學道的天賦，可能學出名堂，成爲一代大師，甚至使他眞的相信自己是神仙下凡，相信經過修煉可以即世成仙。這無疑使他進一步向仙道靠攏。

就在李白供奉翰林時，賀知章患了一場大病，恍恍忽忽覺得有仙人召喚他。病癒後便上疏清求度爲道士，回歸鄉里，並捐獻鄉里的宅邸爲道觀。玄宗批准了他的請求，並親自寫詩贈行，皇太子及朝中文武官員都到長樂坡爲他餞行。李白當時即作了兩詩爲他送別，一首是《送賀監歸四明應制》：

久辭榮祿遂初衣，曾向長生說息機。
真訣自從茅氏得，恩波寧阻洞庭歸。

意思是說，賀知章很久就想捐棄榮譽爵祿，穿上隱士之服，以擺脫塵雜世務，企求長生。你從茅君那裡學得了求仙眞訣，朝廷的恩寵哪裡阻止得了你回歸鄉里。

另一首是《送賀賓客歸越》：

鏡湖流水漾清波，狂客歸舟逸興多。
山陰道士如相見，應寫《黃庭》換白鵝。

相傳東晉大書法家王羲之很愛鵝，而山陰有個道士就養了一群白鵝，非常可愛，王羲之經常前去觀看。這個道士喜愛王羲之的書法，卻又不易得到，於是心生一計，對王羲之說：「先生如果願意爲我寫一部《黃庭經》，我就將這群鵝送先生。」王羲之非常願意，很快就寫好送去一部《黃庭經》，將這群可愛的白鵝裝入籠子提了回來。賀知章本爲山陰人，也是著名書法家，現在又成了道士，《黃庭經》又是道家經典，所以李白在這裡將這個故事聯繫起來，爲賀知章度爲道士還鄉，增添一點幽默的喜慶氣氛。

總之，從賀知章的身上，李白看到了學道與出仕的統一，出仕可以求得功名富貴，求仙可以博得高雅脫俗的聲名。兩者可以得兼，此等美事，何樂而不爲。

李白一生於此二者從未放棄追求，並作出功成身退的安排，其中就有賀知章的影響。

棄世入道

我本不棄世，世人自棄我。

——李白《送蔡山人》

李白自「賜金還山」，從長安出來，便覺得此次在天子腳下翻了跟斗，從天梯上滑落下來，從政一途就此斷絕，眼前就只有訪道求仙一途可以走了。他的學道生涯雖然早已開始，但被熱中於仕途而分去了一半心思；現在專務學道，就不能像過去一樣，做一個散仙遊神，應該加入道教，成爲一個眞正的道士。也就是說，過去只是思想上迷戀道教，現在應該解決組織問題，履行入道手續了。而一旦名列道士籍，就應做道士的事，煉丹服藥，尋仙訪道也就成爲他的專業了。

受籙紫極宮

按昭道教的教規，要成爲一名眞正的道士，必須嚴格履行一套煩瑣的手續，舉行莊嚴、盛大的受道籙的儀式，比起佛教的剃度和基督教的受洗禮，就要麻煩得多，野蠻得多。

煩瑣的儀式

入道者首先要寫好各種各樣的道籙。籙，就是道教的祕文，名目繁多，有所謂《五千文籙》、《三洞籙》、《洞玄籙》、《上淸籙》等。這些道籙都必須用朱筆抄寫在白絹上，還必須分別記下諸位天曹官屬佐吏的名字，並將各種符咒錯雜其間。內容詭怪，說些什麼，世人是看不懂的。

李白爲了鄭重其事，要將道籙寫得精美無比，特意跑到安陵（今河北吳橋縣），請著名道士蓋寰爲他抄寫。據李白自己說，蓋寰抄得妙絕天工，令他非常滿意。

在授籙儀式中由誰爲入道者授籙，影響著入道者的身價。李白爲了提高自己在道士中的知名度，決意要將享譽全國的道教大師高天師從北海郡請來爲他授道籙，怕高天師不答應，他還先去拜訪他的從祖、當時在陳留採訪大使的李彥允，請他出面延請，果然如願以償。

這還只是事前的準備，最艱苦的還在於新教徒的入教（即受籙）儀式。新教徒不僅要潔齋，還要在道壇上當衆向授籙者送財禮。受籙者排成長串，魚貫而行，不停地打轉轉。每個人都必須反綁著手，就像綁赴刑場的罪犯一樣；口裡不斷念念有詞地向神靈懺悔自己的過錯，請求寬恕。這樣循環往覆，晝夜不停，要堅持七天七夜，甚至十四個晝夜。每天只能在凌晨休息片刻，進一點素食，喝一點清水。如此每一次授籙形式，總要暈倒幾個，被抬出道壇。只有能堅持下來的人，才由授籙大師授給道籙，算是大功告成，成爲一個眞正的道士。

甘願受折磨

現在看來，這哪裡是舉行入道儀式，簡直就是一種疲勞轟炸，一種人身折磨。道教的這種奇刻而煩瑣的受籙儀式，大概出於兩個目的。一是考驗這批新教徒的意志，凡是經不起這種折磨，中途暈倒或退出者，即被視爲無誠心，無恆志，自然就要刪汰；另一個目的就是將入道者弄得筋疲力盡，神情恍惚，自然會有種種視聽幻覺出現，自以爲眞的進入仙境見到了神仙，使其增加神祕感，加深對教義的信仰。

這些用來糊弄一般的人，自然可以奏效，可是生性放蕩，不耐拘束的李白也甘願受其糊弄，就令人有點難以理解了。你看他在受了這頓折磨後，不但無怨無悔，還要千恩萬謝。他感謝道士蓋寰爲他寫道籙說：「黃金滿高堂，答荷難光亮。」意思是說你給我造寫道籙的情意，不是我用滿屋的黃金所能報答的。他對給他授道籙的高天師更是讚頌備至：「吾師四萬劫，歷世遞相傳。」意思是說爲我授籙的尊師竟是與天地同春，歷盡萬世的活神仙。能夠請到他為我授籙，那是三生有幸了。

對李白此種迷信活動，他的同時代人解釋說，李白「好神仙，非慕其輕舉，將不可求之事求之，欲耗壯心、遣餘年也。」意思是說，李白不是眞的想做神仙，只是用以遣散他的用世之心，打發時間而已。這自然是為李白曲意辯護。李白果眞是為了消磨時光，他是絕不會甘願受此愚弄和欺騙的，至多是嘴上說說而已。看來唯一接近事實的解釋，就是他眞的已經成了一個虔誠的道教徒了。為了求得解脫，而甘願忍受這種束縛和折磨。

煉丹爐旁的忙碌

我來逢真人，長跪問寶訣。
粲然啟玉齒，授以煉藥說。
銘骨傳其語，竦身已電滅。
仰望不可及，蒼然五情熱。

吾將營丹砂，永與世人別。

——李白《古風》（其五）

受道籙，加入道士籍，還只是李白一心求仙的第一步。在李白看來，此一步當然重要，可以藉此表明自己的決心與虔誠，但眞正有所得，還必須有更艱苦的求索。

說說煉丹

根據道家的法傳統理論與事實，道士的飛升有兩條途徑，一條是煉丹服藥，一條是由仙人點代。李白於此二途都花了很大的氣力，很少有鬆懈之時。

就說煉丹吧，那可是個神祕、費工、花錢而又危險的事。由於這種所謂靈丹仙藥，吃了可以長生不死，羽化成仙，不知吸引了多少人夢寐以求，即使上當受騙，甚至壞了性命也無怨無悔。

尤其是所謂「九轉金丹」的神力被編造出來以後，煉之者，求之者，服之者，更是趨之若鶩。請看晉人葛洪《抱朴子》所載：

一轉之丹，服之，三年得仙；二轉之丹，服之，二年得仙；三轉之丹，服之，一年得仙；四轉之丹，服之，半年得仙；五轉之丹，服之，百日得仙；六轉之丹，服之，四十日得仙；七轉之丹，服之，三十日得仙；八轉之丹，服之，十日得仙；九轉之丹，服之，三日得仙。

有此等便宜事，誰不願意一試？即使冒點險，也是值得的，所以煉丹服丹，企求長生，就成了道士們終身追求的，願意爲之付出一切，連生命也不惜付出的大事了。

這種仙丹及其煉製在古代被看得玄之又玄，祕之又祕，今天看來卻是非常簡單的事。這種丹的主要成分就是丹砂，又名朱砂或辰砂。將這種丹砂拌和別的一些礦石粉末，置於爐中燒煉，各種成分由於高溫而產生各種化學變化。

所謂「轉」，指的就是化學變化。幾轉就是隨著溫度和成分的不同而發生的幾次變化。如此燒煉出來的金丹，不管是什麼形狀，其中不可免地含有水銀成分。因爲丹砂，學名就叫硫化汞，是生產水銀的主要原料，煉丹必然會煉出水銀，所以有「燒丹成水銀，還水銀成丹」的記載。而水銀是有毒的，歷史上不斷有人服食金丹，不僅沒有長生，反而當即身亡，那就是水銀中毒造成的。

樂此不疲

李白成了道士以後，也曾樂此不疲，自稱「煉丹費火石，採藥窮山川」。他寫有一首《草創大還贈柳官迪》的詩，就是向朋友柳官迪訴說自己正在籌煉金丹的心緒。

「大還」就是「大還丹」，是金丹中的一種。它由丹砂燒煉成水銀，再將水銀煉製還原成丹，故名還丹。據神仙家說，此丹只要服用一小匙，百日內即可成仙，那就是葛洪所說的五轉之丹了。

李白大概知道此種行徑，不是一個士人所願意幹的，所以自解自嘲地向朋友說明：「抑予是何者?身在方士格。」意思是說我現在身在道士籍，已是方術之士了，煉丹是我的職業，還有什麼拉不下架子呢?

李白此話一點不假，他的朋友獨孤及在送他往曹州的贈序中就說李白此行「仙藥滿囊，道書盈篋」，已是一副十足的方士模樣了。後來李白在《留別曹南群官之江南》一詩中更加形象地描繪了他在煉丹爐旁的怪模怪樣：

閉劍琉璃匣，煉丹紫翠房。
身佩豁落圖，腰垂虎盤囊。

意思是說，從此將解下腰間寶劍，將它封閉在劍匣中，而投身到瀰漫著紫煙翠霧的煉丹房中。身上佩戴著名爲豁落的道家特別符咒圖籙，腰間垂掛著種種盛著礦石粉末的虎頭皮囊，圍著丹爐旁轉來轉去，又是觀察火候，又是添劑加料。

現在看來李白此番形象自然很是滑稽可笑，可是李白當時卻是非常認眞的，不惜代價的：

傾家事金鼎，年貌可長新。
所願得此道，終然保清真。

時代的局限，個人的失意，宗教的魔力，竟使一代傳人與這種迷信結下了緣。可笑乎？可悲乎？可惜乎？

尋求其他門徑

道家宣揚的即世成仙，除了服丹以外，還有其他門徑。比如尋找偶然的機會，與仙人直接交往，通過仙人的點化而成仙；或者是服食不需要煉製的普通食物或藥物而仙。這些成功的事例，在道教史上是不勝枚舉的，李白經常念叨的仙人中，就不乏這樣成仙的。

由仙人點化

大名鼎鼎的王子喬本就是周靈王的太子晉，由於喜歡吹笙作鳳凰鳴叫，常到伊水與洛水之間遊玩，遇上道人浮丘公，便接他上了嵩山，後便吹著笙、騎著鶴升天成了仙。三十餘年後，有人在嵩山上見到他，他便託此人帶信，告訴他的家人：「七月七日在緱氏山等我。」到時候果然見他乘著白鶴停在山頭，只是可望而不可及，只見他頻頻舉手，向當時在場的人辭謝，數日後離去，還頗有點人情味。

陽陵子明，平時喜歡釣魚，偶然在旋溪釣得一條白龍。他非常害怕，便將這條龍從釣鈎上解下來，向它跪拜謝罪，送回溪中。後來又釣得一條白魚，肚子裡藏著一封信，信中教他服藥的方法。他便上黃山採得五石脂，煎水而服之。過了三年，這條白龍便來迎接他上天。

服食普通藥

安期生，本是琅玡阜鄉人，以賣藥爲生。有一次到番禺東面的山澗採藥，發現澗中長有一種長不過一寸，卻長有九個節頭的菖蒲。他採回去吃了，就成了仙，留下了一雙玉鞋供後人憑弔。

後來秦始皇東遊，在東海邊見到了安期生，跟他談了三天三夜，臨別時他對秦始皇說：「數年後到蓬萊山來找我。」後來秦始皇果然派遣使者入海尋蓬萊山，因遇大風浪未果，給他留下莫大的遺憾。

李白對安期生自然是非常羡慕的，曾寫道：

松子棲金華，安期入蓬海。
比人古之仙，羽化竟何在？

還有衛叔卿，中山人，就因爲服食普通藥雲母而成仙。傳說漢武帝時他還曾乘雲車，駕白鹿來到殿前，漢武帝問他是誰，他回答是中山衛叔卿。漢武帝說：「你既是中山人，那就是我的臣民，可以前來和我說話。」衛叔卿嫌漢武帝怠慢了他，便默然不應，忽然不知所往。漢武帝很是後悔，當即派使者到中山去找他。他不在家，只有他的兒子知道他的去處，便領著使者到了華山。只見他在絕岩之上與數人下棋，上有紫雲掩蓋，旁有仙童侍候，來人上不去，他也不理會來人。

好入名山遊

這樣的登仙途徑，自然很是浪漫，不須耗去精力和財力去燒丹服藥，只要漫無目的地往神仙出沒的名山大川裡鑽，就可能有機會與神仙巧遇，得到神仙的點化，或者尋找到某種神奇的仙藥，那就可以與仙人「攜手凌百日」，飄然脫離凡塵了。走通這條道路的人儘管很少，但是求之者卻絡繹不絕。

李白無疑存在這樣的幻想，於是就與名山大川結下了不解之緣，常在遊歷名山的時候，總希望遇到神仙，或者眼前出現幻覺，彷彿已經遇見了神仙，並與神仙共同遨遊太空。儘管那是虛幻的，不存在的，但也可以從中得到短暫的安慰與快樂。這也是李白「一生好入名山遊」，愛寫遊仙詩的一個重要原因，且看他站在鎮江焦山的石壁上遙望松寥山的情景：

石壁望松寥，宛然在碧霄。
安得五彩虹，架天作長橋。
仙人如愛我，舉手來相招。

五岳尋仙不辭遠

仙人騎彩鳳，昨下閬風岑。
海水三清淺，桃源一見尋。
遺我綠玉杯，兼之紫瓊琴。
杯似傾美酒，琴以閑素心。
二物非世有，何論珠與金。
琴彈松風裡，杯勸天上月。
風月長相知，世人何倏忽。

——李白《擬古》其十

遊仙且逍遙

李白的嚮往神仙，希望自己成仙，一個重要的動機就是羨慕神仙的無拘無束的自由生活。因爲他們的這種自由不僅可以超越塵世，而且可以超越時空。也就是說他們不僅擺脫了人世間一切規矩禮教的約束，掙脫了黨章人倫的鉗制，以及一切塵雜俗務的羈絆，而且可以長生不死。時間對他們沒有限制，地域對他們不能阻隔。

他們可以與三十六帝爲友，以天地自然爲居。高興起來，可以上天庭摘星攬月；閒時節，可以去崑崙對酒賞花；疲倦時，可以往蓬萊方壺歇身；如有餘興，還可以降臨人間與帝王、高士逗趣。這是何等的自由，何等的快樂。這樣的無拘無束，自來自往的生活，就是想一想，說一說也是令人心馳神往，快意非凡的。

基於此，李白寫了大量的遊仙詩。詩中總是描寫自己如何與各路神仙接觸與交遊，共享這種絕對自由的快樂。他在《遊泰山》詩中說：

登高望蓬瀛，想像金銀台。
天門一長嘯，萬里清風來。
玉女四五人，飄飄下九垓。
今笑引素手，遺我流霞杯。

意思是說，登上了泰山之巔，望著那蓬萊、瀛洲那些仙山，眼前恍恍惚惚就顯現出像黃金白銀造成的宮闕，萬道光芒耀人眼目。忽然南天門上傳來呼嘯，原來是一股清風從萬里之外吹來。隨著這股清風，有四五位仙女，飄飄然從九重天上飛來，滿含著笑意，向我伸出潔白的手，送我一杯仙人的飲料，那就是每飲一杯，令人數月不飢的流霞。

還有另外一首：

清曉騎白鹿，直上天門山。山際逢羽人，方瞳好容顏。捫蘿欲就語，卻掩青雲關。遺我鳥跡書，飄然落石間。其字乃上古，讀之了不閑。感此三嘆息，從師方未還。

意思是說，清早就騎著白鹿去求仙，一直上了泰山南天門。在山間遇到一個仙人，方方的瞳孔，美好的容顏，令人肅然起敬。我正想攀著藤蘿跟他說話，他忽然隱身雲霧不見了。他卻送我一部書，飄飄然落在岩石之間。書上的字像鳥爪，我一點也讀不懂。對此我再三嘆息未能得道成仙，還有待繼續從師學習。

李白所寫的這些遊仙詩，與以往的不一樣。以往的遊仙詩，大多寫作者對仙人與仙境的嚮往、羨慕與感嘆，而李白卻是直接寫自己與仙人的接觸與交遊，雖然精神上還有隔閡，但形體已經廁身其間了，從而有迎送饋贈、起居遊歇等交接了。這自然只是李白的想像或幻覺，但這種想像或幻覺，不是任何人所能產生的，而是李白於此殫精竭慮，日思夜想的結果，近乎或者就是一種宗教的迷狂。他從中得到了快樂、陶醉與安慰，相應地也就失去了憂愁、恐懼與痛苦。

這是一種強烈的宗教意識，也是一種舒暢自由的精神生活。古往今來不知道有多少人想進入這種境界，卻又不得其門啊！

俯視洛陽川

正當李白像閒雲野鶴那樣到處尋仙漫遊的時候，安史之亂爆發了，而且形勢嚴峻。不出數月，洛陽淪陷，安祿山就在那裡拼湊僞朝，自立爲帝，百姓慘遭其害。就像李白所寫的：「中原走豺狼，烈火焚宗廟。」

對此國難，李白雖然憂心如焚，卻不能親赴前線退敵，因爲已被朝廷遠棄山野，現正雲遊四方。往日的兵書寶劍已束之高閣，往日的駿馬金鞍已轉贈他人，現在只有逃亡避難了，這就是他在《猛虎行》中所訴說的：

有策不敢犯龍鱗，竄身南國避胡塵。
寶書玉劍掛高閣，金鞍駿馬散故人。

可是這場災難的蔓延和危害，又無時無刻不在撕他的心，即使是在幻想與神仙遨遊天空的時候，仍然顧念著輾轉於叛軍鐵蹄下的中原百姓。他的《古風》第十九首就記下了這種複雜的心境：

西上蓮花山，迢迢見明星。素手把芙蓉，虛步躡太清。霓裳曳廣帶，飄拂升天行。邀我登雲台，高揖衛叔卿。恍恍與之去，駕源凌紫冥。俯視洛陽川，茫茫走胡兵。流血塗野草，豺狼盡冠纓。

此詩的大意是說，他登上了華山的最高峰蓮花峰，遠遠的就見到了名叫明星的美麗仙女。她手中拿著蓮花，穿著霓虹一般的衣裳，自後拖著長長的衣帶，凌空步虛，升天而行。她邀我一起登上雲台峰，去拜見神仙衛叔卿。恍惚之間我也就駕著鴻雁與她一起飛向天空。可是當我向下一望，一幅悽慘而滑稽的場面立即出現在眼前：洛陽一帶戈矛轟轟的胡兵茫茫然如潮水般湧動，百姓被踐踏殘害，鮮血塗滿了草野，而那些磨牙吮血如豺狼的叛軍頭目卻個個朝冠朝服，加官進爵。見到此番情景，還能與明星仙女無滯無礙地遨遊青天嗎：見到仙人衛叔卿能談笑自若，討教長生不死的祕訣嗎？

大概就是李白不能忘情現實，使他不能得道成仙；也就是不能忘情仙界，使他不能安下心來，儘管才術縱橫，也不免世途輕擲。不過唯其心繫天上與人間，才使他具有寬闊的眼界、博大的胸懷，充沛的感情，才能寫出驚風雨、泣鬼神的詩篇來。

尋訪許宣平

道教中說的仙人，有所謂天仙、地仙之分。所謂天仙，指的是生活在天庭的神仙，如玉皇、嫦娥、西王母之屬；所謂地仙，指的是由凡人得道成仙者，仍居人間。如王子喬、葛由、衛叔卿之屬。大凡傳授升天之術、不死之藥的都是這些地仙，天仙一般是尋不到的，他們也不管這些引渡飛升之事。李白好入名山尋仙，尋的也就是這些地仙。《續仙傳》就記載著李白尋訪許宣平的故事。

傳說許宣平是新安郡歙縣人，在唐睿宗時代於城陽山蓋了一間茅草庵，棲身其中，後服藥成仙。沒有人看見他進食，卻顏面豐潤，像四十來歲的人。身輕體健，走起路來像快馬奔騰。常常負薪進城換酒喝，醉了便騰雲駕霧般回山，口中念道：

負薪朝出賣，沽酒日西歸。
借問家何處？穿雲入翠微。

他平日也好濟人危急，救人疾苦。城裡的人拜訪他，卻總是找不到他的人，只見他的茅庵牆上題詩一首：

隱居三十載，築室南山巔。
靜夜玩明月，閑朝飲碧泉。
樵人歌隴上，谷鳥戲岩前。
樂矣不知老，都忘甲子年。

有些好事者便將他這首詩到處題寫。李白被玄宗賜金還山從長安出來，便在旅舍的牆上見到此詩，一眼便認定是仙人寫的。經打聽，才知道是許宣平的詩。於是前往新安拜訪，可是屢訪不得。只好也題詩一首在許宣平的茅庵上：

我吟傳舍詩，來訪仙人居。

煙嶺迷高跡，雲林隔太虛。
窺庭但蕭索，倚仗空躊躇。
應化遼天鶴，歸當千歲餘。

待許宣平歸來，見到此詩，便又吟詩一首：

一池荷葉衣無盡，兩畝黃精食有餘。
又被人來尋討著，移庵不免更深居。

於是又逃至更深更遠的山中，結庵而居，莫知其蹤跡，原來的草庵也被野火所焚。

後歷又傳說，李白後來終於訪到了許宣平，是在紫陽山下。李白正搭乘一個老翁撐的一條破船過渡，便向他打聽許宣平的家。沒想到這老翁指著船篙念出兩句詩：

面前一竿竹，便是許公家。

原來這個撐破船的老翁便是許宣平。《新安郡志》上還明明白白記載郡南數里有一特高的河岸，名叫浣紗阜，李白當年訪許宣平就在此河岸上等搭許宣平的渡船。

這些自然僅僅是傳說，並非眞有其事。但也是李白的「五岳尋仙不辭遠」的眞實生活的基礎上產生的，爲李白的遊仙行蹤作了具體補充，體現了編製者的善良願望。由於這個許宣平與李白同時代，且有著尋訪的具體過程與細節，倒也令人感到親切，平添了幾分眞實感與神祕色彩。

夢由後人圓

李白的學道求仙，可謂終其一生；渴望成仙的詩，寫了不計其數。就像《韻語陽秋》裡說的：

李太白《古風》兩卷，近七十篇。身欲為神仙者，殆十三四，或欲把芙蓉而躡太清，或欲挾兩龍而凌倒景，或欲留玉舄而上蓬山，或欲折若木而遊八極，或欲結交王子晉，或欲高揖衛叔卿，或欲借白鹿於赤松，或欲食金光於安期。可是他沒有成仙，仍在坎坷的人生道路上艱難的跋涉，直到悽慘地離開人世，自然這也是任何宗教徒的無一例外的歸宿。可是出於對李白的愛，一些好心的，也是好事的讀者，卻在他身後加了不少光明的尾巴，說他死後終於成仙，爲李白圓了這個神仙夢。爲了使人相信，還編構了種種故事。

有記載說，韓愈曾經說過，憲宗元和初年，有人從北海來，見到李白與一個道士在一座高山上說說笑笑了很長間時。不久，道士在濃霧中跨上一條赤虯飛升而去，李白便縱身追上，共同騎著它往東而去，令人驚駭不已。這就是說李白已經成仙。

還有記載說，白居易的一個後人叫白龜年，一天來到嵩山，遙望著東岩的古木鬱鬱蒼蒼，像簾幕垂地，於是走近去看看。忽有一人來到他的面前說：「李翰林邀你去。」白龜年便進古木林中，見一人寬衣博帶，風姿俊秀英發，開口對白龜年說：「我是李白，以前因向水中撈月而掉入水中，得到解脫，今已成仙。天帝命我在這裡掌管奏疏，已將近百年。你的祖先白樂天也已經成仙，現在五台山掌管功德所。」於是拿出《素書》一卷送與龜年，並說：「讀了此書可以辨識天上飛禽和地下走獸的語言。」

到了宋代，還傳說有人在酒店中見到李白朗誦著他的近作二首。一首的開頭是：「朝披夢澤風，笠釣青茫茫。」另一首的開頭是：「人生燭上花，光滅巧妍盡。」連蘇東坡都認為這樣的詩非李白是寫不出來的，並感嘆神仙之道，眞是揣摹不定。

這些傳聞自然是無稽之談，你甚至可以扣上迷信的帽子。可是製作者與傳播者的用心並不壞。他們看到這樣的天才詩人如此苦心地訪道求仙，卻始終沒有能夠成為神仙，仍在囂煩、齷齪的人世間四處奔波，招怨受氣，沒有一天好日子過，實在令人同情。李白不是在詩中總是幻想著與浮丘公、赤松子、安期生、王子晉、壺公、葛由、丁令威等仙人結伴遨遊嗎？怎麼就不能設想皇天不負苦心人，讓他成為仙人族的一員呢？這不僅可以安慰李白的在天之靈，也可以讓李白的崇拜者得到一點心理上的平衡，有什麼不可呢？是眞是假就用不著去管它了。

這就正如曹學佺在其《萬縣西太白祠堂記》裡對有關李白的傳說所說的一番

話：「事在有無，語類不經。人心愛之，誇詡爲眞。樹若曾倚，其色敷榮，泉若曾酌，其聲清冷。」

既有偉大的詩人，就有熱心、善良的讀者。他們不忍心看到偉大的詩人生前受到那麼多的挫折與苦難，於是想到在他身後多給他一點自由與幸福，於是就給他圓了他生前不能圓的成仙夢。

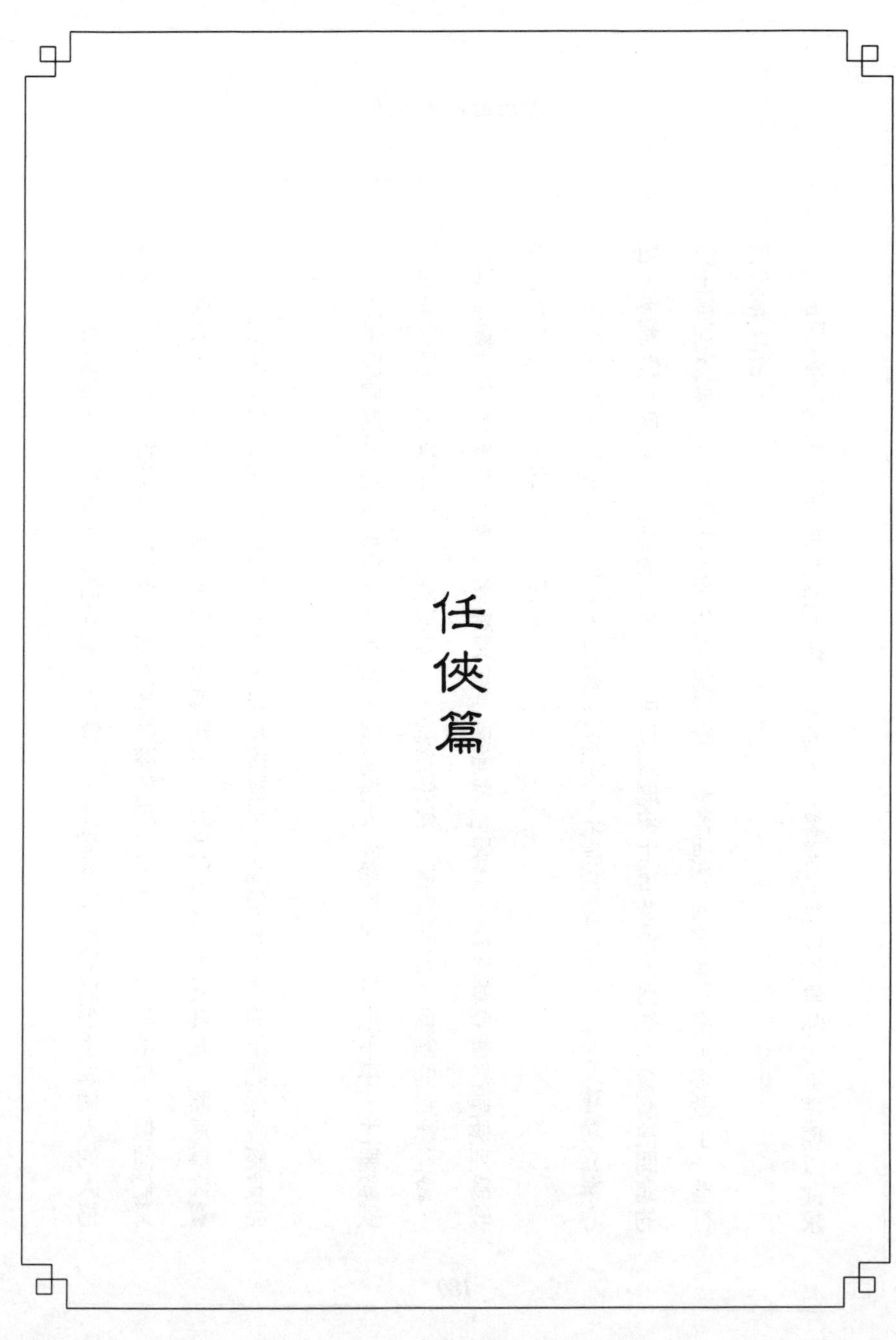

任俠篇

在戰國時代，社會上曾活躍著一批俠士，又稱俠客。他們很重視個人的人格尊嚴，對國君，對權貴，他們不作奴顏婢膝的順從，保持平等的地位。但他們又很重義氣，如果對他們施以恩德，視爲知己，他們則可以不愛其軀，願意爲你賣命。他們還有輕財好施，樂於助人，以及重言諾，講信義，施恩不圖報等優良品德。

但是他們無論是報國仇，洩私憤，還是爲人排難解紛，打抱不平，主要靠武力解決問題，所以往往「以武犯禁」，觸犯法律。這對於君主專制的封建社會，及其等級森然的禮法制度，無疑又是一種衝擊和破壞。爲此韓非曾把遊俠列爲破壞社會秩序的「五蠹」之一蠹。

由於李白生性豪放不羈，不耐禮法拘束，不願死守章句，而又建功立業心切，很想做一個頂天立地的偉丈夫，所以對歷史上這些憑自己的力量解決問題的俠士特別羡慕，並且模仿他們的言語行動，學習他們的俠義肝膽，很做了一些行俠仗義之事。

由於李白的任俠沒有明顯的功利目的，不需要以此復仇雪恥，不需要以此求取功名，更不需要以此活命存身，純粹是他的自由個性與叛逆精神的本能反映。因此從其任俠生活與遊俠詩中，更能看到李白的心靈深處與原始本性，自然也給他的生活與詩歌增添了一層浪漫氣息與傳奇色彩。

大唐一詩俠

趙客縵胡纓，吳鉤霜雪明。
銀鞍照白馬，颯沓如流星。
十步殺一人，千里不留行。
事了拂衣去，深藏身與名。

＊　＊　＊

三杯吐然諾，五岳倒為輕。
眼花耳熱後，意氣素霓生。

＊　＊　＊

縱死俠骨香，不慚世上英。
堆能書閣下，白首《太玄經》。

——李白《俠客行》

在數以千計的唐代詩人中，以遊俠生活爲題材，頌揚俠義的詩人固然不少，但寫得最多最好的，就要數李白了；更難得的是李白本人就是一個愛憎分明、敢作敢爲的著名俠士。爲此，凡是了解李白的立身行事，讀過他遊俠詩的人，心中無不爲他的俠義肝膽所感動，眼前無不顯現一個身背書囊，手持寶劍，口中吟詩的俠士形象。

此形象獨特而不古怪，勇敢而富文才，浪漫而又親切，是一個千年難再得的文武兼備的詩俠。

李白成爲千古奇才，就與這詩俠的特質與形象密不可分。

世人眼中的詩俠

李白有一個年輕的朋友叫魏顥，又叫魏萬，對李白傾慕已久。爲了結交李白，以抬高自己的身價，曾費了很多周折，跑了很多路程。先從河南跑到東魯李白家中，只見到李白的兒子明月奴。聽明月奴說，他的父親已去梁園（今開封）漫遊，魏便折回河南。到了梁園，可是李白已去了江南，魏便又追到吳越。在吳越兜了一個大圈，還是沒有找到；聽說李白剛從天台山下來，到廣陵（今揚州）去了。最後追至廣陵才算見到了李白。

追隨者怎麼看

這個魏顥遷回跑了三千多里來訪，自然使李白很感動，於是大大誇讚了魏顥一番，說他是個博學好古的人，將來一定會有出息，必將名滿天下。並特別叮囑：「到那時你可不要忘記我和我的兒子明月奴喲！」這自然是客氣話，可是魏顥聽了心裡不知道有多舒服，跑這三千多里路的疲倦與怨氣一下子煙消雲散了。

可魏顥一見李白的面，便不由得大吃一驚，他沒想到他所追慕聞名天下的大詩人竟有這麼一副模樣：「眸子炯然，哆如餓虎。」哆，即張口的樣子。也就是說李白眼光深邃，炯然有神，嘴巴寬闊，張開口來就像餓虎一般。再聽他說「少任俠，手刃數人」，這不就是一個英氣逼人的俠客形象嗎？

可是魏顥同時又見到李白的另一種儒雅風度：「或時束帶，風流醞籍。」也就是說，李白在他束著腰帶時，又顯得那麼身材勻稱，面目清秀，自有一種掩抑不住的風流瀟灑。從他「曾受道籙於齊，有青綺冠帔一副」看來，儼然又透出一股拒食人間煙火的孤雲野鶴般的超逸氣質。

也就是說，出現在魏顥面前的李白，是一個集詩人、俠客、道士於一身的多臉譜、多氣質的綜合形象。詩人與道士形象不足爲怪，因爲李白旣是詩人，也是道士，可說是他的本色。唯有俠客形象使魏顥吃驚，因爲在認識李白以前，並不知道這一點。不過能使一個初次見面的人就能看出這一點，說明李白的俠士形象頗爲鮮明了。

崇拜者怎麼看

還有一個與魏顥差不多年紀的青年詩人任華，也是李白的崇拜者。他追尋李白很久，但一直未能見面。據他的詩說：

任生知有君，君還知有任生未？
中間聞道在長安，及余戾止，
君已江東訪元丹，邂逅不得見君面。
每常把酒，向東望良久。

這不能不使任華失望，於是寫了這首詩寄給李白，希望「倘能報我一片言，但訪任華有人識。」這首詩就名爲《雜言寄李白》，其中就給李白畫了一個詩俠的漫畫像：

且向東山為外臣，諸侯交迓馳朱輪。
白璧一雙買交者，黃金百鎰相知人。
平生傲岸，其志不可測。
數十年為客，未嘗一日低顏色。

如果說，魏顥的畫像只著眼於李白的外形的話，任華的畫像就著眼於李白的內心，將詩人形象與俠士形象融爲一體了。其中描述的輕錢財，重義氣，不屈己，不干人，傲岸不羈，偉然獨立的形象，非俠士而何？

酒友怎麼看

李白有一個最要好的酒友，名叫崔宗之，是宰相崔日用的兒子，襲封爲齊國公。在長安他們常在一起把杯，後來崔宗之貶官到了金陵，又與李白相遇，自是常常痛飲達旦。

杜甫《飲中八仙歌》中有一仙就是他，而且是個美男子，別具一番風姿：

宗之瀟灑美少年，舉觴白眼望青天，皎如王樹臨風前。

就是這樣一位自恃門第高貴而眼中無人的貴公子，也將李白看作詩人中的豪傑。他在《贈李十二白》中說：

李侯忽來儀，把袂苦不早。清論既抵掌，玄談又絕倒。分明楚漢事，歷歷王霸道。擔囊無俗物，訪古千里餘。袖有匕首劍，懷中茂陵書。雙眸光照人，詞賦凌子虛。

這袖中藏劍，懷中揣書，眼光銳利逼人，作賦賽過司馬相如的人不是典型的詩俠麼？

詩友怎麼看

最了解李白、同情李白的，自然要算唐代另一位大詩人杜甫了。因為他們曾經同遊梁宋，共同生活過好幾個月，「醉眠秋共被，攜手日同行」，親如手足，是最貼心的朋友。杜甫對李白曾有這樣坦率的贈言：

秋來相顧尚飄蓬，未就丹砂愧葛洪。痛飲狂歌空度日，

飛揚跋扈為誰雄？

詩中說他爲了煉丹，一年四季漂泊在外，可是什麼仙藥也沒有煉出來；處處行俠仗義，飛揚跋扈，究竟是爲誰稱雄賣力呢？這裡我們不去議論杜甫對李白的忠告對不對，就這「飛揚跋扈爲誰雄」一句，就精彩地勾勒出了李白的遊俠面目。他嫉惡如仇，愛打抱不平。他不爲哪一個主子賣力，只爲剷除世間的不平，如此必然又會招來各方面的報復，招來很多的嫉恨，這就是杜甫說的「世人皆欲殺」。所以杜甫不能不善意地勸告他，你這樣飛揚跋扈究竟是爲了什麼？有沒有這個必要呢？難道不應該收斂一下嗎？

明乎此，我們就可以理解杜甫在「近無李白消息」的時候，對李白的處境表示十分擔心。

不見李生久，佯狂真可哀。
世人皆欲殺，吾意獨憐才。
敏捷詩千首，飄零酒一杯。
匡山讀書處，頭白好歸來。

詩中，勸他不要在險惡的世途上，去幹那些仗義行俠，得罪人，冒犯人的事，這會招來危險。應當回到自己的故鄉來，故鄉對自己的兒女是會備加愛護的，不會嫌棄，更不會加害。

遊俠自畫像

李白的學俠、任俠，用現在的話說，究竟不是他的專業，而是業餘愛好，而且多半是少年時代的事。所以一般說來，作爲一個俠士，無論從心理上和武藝上，他都不夠成熟，尚處於幼稚階段，只是心理發癢，口裡高喊，行動上模仿而已，並沒有創造驚人的業績。不過唯其如此，才可能表現出他的最大熱情，寫出壯麗的遊俠詩篇。

李白在他的詩中，曾對遊俠勾勒出種種畫像，有的是畫自己的，有的是畫別人的，有的是想像的。有的畫全身，有的畫側面，有的還是畫局部的。湊合起來就可以看出李白理想中的遊俠應該是個什麼樣子。他對遊俠的追慕與崇拜之情，也就寄寓其中，對自身任俠的自信與自豪，也往往通過這些畫像表現出來。

耀眼的裝束

憶昔作少年，結交趙與燕。
金羈駱駿馬，錦帶橫龍泉。
——《留別廣陵諸公》

風流少年時，京洛事遊遨。
腰間延陵劍，玉帶明珠袍。
——《敘舊贈江陰宰陸調》

這個騎著裝飾豪華的駿馬，掛著龍泉、延陵這樣的名貴寶劍，腰束錦帶，身穿珠袍，只與燕趙慷慨激昂之士結交，常來長安、洛陽遨遊的風流少年，就是李白的自畫像。少年時代的李白，家中富有，辦這樣一身裝束，結交豪俠，遨遊京洛，那是不在話下的。在李白看來，一個遊俠的外貌就應該如此。

這樣的裝束，與古時的遊俠就大不一樣了。大概古俠多看重實際，看重效果，不講究外表，不怎麼張揚自己是俠客，所以不講究裝束，而且多隱身於市井平民中，像信陵君結交的朱亥與侯嬴那樣，一個隱身爲屠者，一個充當守城門的人。而唐代的遊俠，往往將行俠當作一種時髦，當作一種榮耀，唯恐別人不知道他是遊俠，所以要求在裝束上有別於一般人。

再說社會在發展，物資有了極大的豐富，這些遊俠大多出身於富豪人家，在行頭、衣著上自然要改變原來的古樸面貌，而代之華貴的裝束。這樣豈不更爲世人所矚目？

追逐美色

五陵年少金市東，銀鞍白馬度春風。

落花踏盡遊何處？笑入胡姬酒肆中。

——《少年行》

銀鞍白鼻騧，綠地障泥錦。

細雨春風花落時，揮鞭直就胡姬飲。

——《白鼻騧》

你看這一群遊俠少年，銀鞍白馬，光采照人，在明媚的春光裡，並馬連轡來到長安的豪華地段金市一帶遊逛。逛夠了，便往有胡姬服務的酒店裡鑽，圍著西域來的少女打轉轉，飲酒作樂，好不快活。異域女子自有異樣風情，能與這些胡姬廝混，自有異樣樂趣，更能增加一點浪漫色彩。

至於一般的狎妓，更是遊俠的家常便飯，隨處可見了：

駿馬驕行踏落花，垂鞭直拂五雲車。

美人一笑搴珠箔，遙指紅樓是妾家。

——《贈美人》

縱獵遊樂

李白還覺得遊俠少年應有縱獵遊樂的一面：

青雲少年子，挾彈章台左。
鞍馬四邊開，突如流星過。
金丸落飛鳥，夜入瓊樓卧。
夷齊是何人，獨守西山餓。

——《少年子》

青雲少年，自然指的是貴家公子；章台就是秦始皇接見藺相如的地方。金丸可是真金做的。據說漢時的韓嫣喜好彈鳥，彈丸用黃金做成，每天都要丟失十幾個金丸。所以長安的兒童每聽說韓嫣要去郊外彈鳥，總是尾隨其後，望著金丸所落的地方，快速奔去尋撿。

這群貴公子相約到著名的章台左邊來走馬彈鳥，金丸離弓，飛鳥落地，晚上也不回家，就在妓女的毫華妝樓上寄宿。這種奢華的冶遊生活才顯出學俠少年的風采。那伯夷、叔齊是什麼人?他們雖也是貴公子，卻抗拒社會的進步與文明，不懂得生活，不懂得享受，活該在西山（即首陽山）窮餓而死。

輕財交友

如果說上述詩篇只是對遊俠的某一個側面的描繪的話，他的另一首《少年行》描繪的就是一個較爲完整的遊俠形象：

君不見淮南少年遊俠客，白日毬獵夜擁擲。呼盧百萬終不惜，報仇千里如咫尺。少年遊俠好經過，渾身裝束皆綺羅。蘭蕙相隨喧妓女，風光去處滿笙歌。驕矜自言不可有，俠士當中養來久。好鞍好馬乞與人，十千五千旋沽酒。赤心用盡為知己，黃金不惜栽桃李。桃李栽來幾度春，一回花落一回新。府縣盡為門下客，王侯皆是平交人。

其中的踢毬、打獵、賭博、報仇、狎妓等，被認爲是當日遊俠的主要生活內容與習氣，離開這些就不成其爲遊俠了。這裡特別強調的是廣交朋友，尋覓知己。

遊俠可以爲知己犧牲自己，也可以借助知己，實現自己的願望，達到更高的目的。一個好的遊俠，不是孤立的，而是生活在一個意氣相投的朋友群中，他們有著很強的群體意識，或者說集體精神。所以遊俠特別注重交友，爲了結交一個知己，可以不惜代價，這就是李白詩中說的「黃金不惜栽桃李」。「栽桃李」就是比喻交好朋友。

古人說：「樹桃李者，夏得休息，秋得其實；樹蒺藜者，夏不得休息，秋得其刺。」朋友交得好，就像種了桃李，夏天可以擋太陽，秋天可以吃果實。交了不好的朋友，就像種了蒺藜，夏天沒有樹蔭，秋天全是刺，毫無用處。這就是前人常說的「知人實難，擇交匪易」。白居易也說過：「乃知擇交難，須有知人明。」

這樣說來，在擇友之道上，儒家的觀點與遊俠的觀點是相隨的，因爲他們都以功利爲權衡。

安邊報國

李白的行俠，自與秦漢的游俠不盡相同。古時俠客大多只知「士爲知己者死」，各爲其主報仇怨，洩私憤，而不管其主子爲何人物。李白則是將擊劍行俠與安邊報國、建功立業聯繫起來，把行俠看作求取功名的一條途徑。所以他描寫的遊俠，大多充溢著一種爲國赴難，流血邊庭，報效君命的愛國豪情。像這樣的詩句隨處可尋：

揮刀斬樓蘭，彎弓射賢王。
單于一平蕩，種落自奔亡。
收功報天子，行歌歸咸陽。
——《出自薊門北行》

只是李白心目中的遊俠與一心只向馬背上覓取功名的一般從軍者不同。他們的英勇殺敵，甚至獻身，除了報答明主恩君之外，更帶著殺人賭命的俠氣。因爲遊俠就是以用武爲職業，格鬥殺人，是他的職分。一說上戰場，立即手心發癢，熱血沸騰。請看：

六博爭雄好彩來，金盤一擲萬人開。

丈夫賭命報天子，當斬胡頭衣錦來。

——《送外甥鄭灌從軍》

而最能顯出愛國遊俠雄風英姿的，就要算《白馬篇》所描繪的五陵豪俠了：

龍馬花雪毛，金鞍五陵豪。秋霜切玉劍，落日明珠袍。鬥雞事萬乘，軒檣一何高。弓摧南山虎，手接太行猱。酒後競風采，三杯弄寶刀。殺人如剪草，劇孟同遊遨。發憤去函谷，從軍向臨洮。叱咤經百戰，匈奴盡奔逃。歸來使酒氣，未肯拜蕭曹。羞入原憲室，荒徑隱蓬蒿。

最後四句是說五陵豪俠，立功歸來，藉酒使氣，連宰相也不放在眼中。這自然是居功不求賞的姿態。可是他們絕不像孔子的弟子原憲那樣甘心情願地隱居於荒徑蓬蒿之中，過著貧窮的日子，他們還將繼續憑自己的武藝去獵取功名富貴。這自然也是一種豪俠本色。

遊蹤俠影

作為一個詩俠，李白的任俠精神主要還是表現在他的詩歌中，但這並不意味著李白就是一個口頭遊俠，沒有實際行動。縱觀李白的一生，尤其是他的青少年時代，其行俠仗義的活動還是不少的，只是沒有留下記載而已。從現存的一鱗半爪的記載中，我們仍然可以看到李白的青春活力，少年意氣，以及叛逆精神。

十五學劍術

李白的十五歲，是一個金色的、値得紀念的歲月。他的多頭的人生道路，都是從十五歲開端。

他的寫詩作賦，始於十五歲：

十五觀奇書，作賦凌相如。

他的學道求仙，也始於十五歲：

十五學神仙，仙遊未曾歇。

他的學劍任俠，同樣始於十五歲：

十五學劍術，遍干諸侯。

李白的父親是個闖蕩西域的商人，爲了防身護財，自然也曾練得一些劍術，購得一柄好劍。自遷回內地以來，雖不隨身攜帶，卻也常在庭前院後舞弄一番，藉以健身。

李白自小愛動，愛模仿，也就逐漸迷上了舞劍。經父親的指點，到了十五歲左右，也就練出了一點名堂，其劍術怕要趕上或超過他的父親了，稱爲少年劍客也不爲過。

到了十七、八歲，李白又來到了梓州郪縣的長平山，拜蜀中逸才趙蕤爲師。趙蕤本有經國濟世之志，無奈屢試不第，於是便棲隱林泉，著書自娛。他寫的《長短經》就是一部經世實用之作，以治國安邦爲宗旨，頗有點縱橫家遺風，在當時影響很大。李白也就是慕名而去求學的。

不料這位隱士，不僅學問貫通古今，也喜歡擊劍任俠，這使李白分外敬仰，少不了要向老師討教劍法，如此劍術大有長進。且看他說的：

三杯拂劍舞秋月，忽然高咏涕泗連。

* * *

撫長劍，一揚眉，清水白石何離離。

這都是藉舞劍來消愁洩憤的，沒有一定的劍術是不能達到這種目的的。

劍術既有長進，任俠的興頭與膽量也就隨之高漲。一般說，俠客也有大小之分，大俠以復仇殺敵爲宗旨，小俠則在小事小節上見高低。李白當時還是血氣方剛，羽毛未豐的少年，他的行俠，也只是停留在路見不平，拔刀相助的打抱不平階段，自是小俠行徑。不過據他自己說，年少時也曾「手刃數人」。「刃」者，用刀劍殺人也。也就是說，他曾親手用劍殺過幾個人。爲什麼殺人，殺的是什麼人，由於不見記載，不好猜測。想來不會是打群架，或無故傷生吧。很可能是些爲富不仁之徒，或是橫行鄉里的惡少，在欺壓良民時，被李白撞上而結果了他們的性命。就像下面要說的錦江勇救浣錦女一樣。

錦江邊鬥惡少

少年李白在遊成都的時候，常常到錦江邊散步，最吸引人的一種景觀，就是年輕的織錦姑娘，成群結隊來到江邊，把自己織成的錦，拋向江中漂洗，以洗淨錦上的浮塵雜質，使錦面的花色鮮艷奪目。據說只有錦江的水最適宜於漂錦，如果到別的江中漂洗，就不會有如此效果，錦江就是由此得名的。

漂錦時刻，織錦女打扮得漂漂亮亮，從她們的手中流向江中的錦，就像一條條彩虹，整個江面就是一幅色彩斑斕的流動不息的圖畫。如此人間美景實不多見，所以李白常常流連忘返，並以極大的熱情寫入自己的詩中。

有一次，李白親眼看到一群流氓惡少，駕著船，故意衝向這些漂錦姑娘，姑娘們嚇得逃回邊岸。由於漂於水中的錦又長又重，一時拖不動，竟被絆倒在水中，這群惡少竟哈哈大笑，以此取樂。有的姑娘由於膽怯，慌亂中手中的錦竟被流水沖到深水處，不柰大哭起來。這群惡少，倒嬉皮笑臉地說：「哭啥子，上船來陪我們玩玩，我們幫你撈回來就是嘛。」

見此情景，李白哪裡按捺得住，此時不挺身而出，扶助弱者，哪裡還算得上遊俠。於是站在岸邊大聲喝道：「你們這些無賴，怎敢在青天白日裡調戲婦女！」

那群惡少，見有人責罵他們，聽口音還不是成都人，不由得起報復之心，有的還爲能有一個行凶殺人的機會而喝彩。其中一個高聲嚷道：「關你什麼屁事，有種的站住！」說完便掉轉船頭，對著李白衝來。

旁邊有人認得這群惡少，好心地勸李白趕快跑，這都是些富貴子弟，惹不起；加上他們人多勢衆，你一個人哪裡是他們的對手？李白年少氣盛，自恃練得一身劍術，便巋然不動，手捏劍柄，等他們上岸來。

那群惡少一下船，便將李白圍住，掏出身上暗藏的匕首什麼的，一步步向李白逼近。李白此時面無懼色，憑著手中的長劍左擋右殺，使得這群人的匕首短刀起不了作用。不一會，他們有的人已經血流滿面了，亂了陣腳。他們自知不是李白的對手，久戰必將吃大虧，只好一個個抱頭鼠竄，四散逃命，自然口中還是罵罵咧咧的。

姑娘們自是感激不盡，旁觀的人也稱讚不已。只是漂走了錦的姑娘還是啼哭不止。李白便將自己身上帶的錢全數給了她，以作補償。

熱心的旁觀者和得到補償的織錦姑娘要問李白的姓名，家住何方，李白卻以

「區區小事，不值一提」一語謝絕回答。接著一閃身，離開岸邊，回到自己歇腳的地方。

此舉使李白非常開心。因爲這是爲民除害的行動，是俠士的職責，多少實現了自己的一點願望：

壯志懷遠略，志在解世紛。

* * *

事了拂衣去，深藏身與名。

北門之厄

現在一般人對初次接觸某些事情而失算、吃虧，稱之爲交學費。如果我們借用這個說法，李白初進長安與京城的遊俠兒廝混，也是交了學費的。請看他後來回憶的「北門之厄」就是李白交的學費：

我昔鬥雞徒，連延五陵豪。
邀遮相組織，呵嚇來煎熬。
君開萬叢人，鞍馬皆辟易。
告急清憲台，脫余北門厄。

——《敘舊贈江陽宰陸調》

初進長安

李白第一次來到長安，是以少年遊俠的面目出現的。物以類聚，人以群分，沒有多久，也就與長安的遊俠兒混熟了。

長安的遊俠，卻不像鄉野的遊俠多單獨行動，他們常常三五成群，結幫成派。他們見李白是外鄉來的，而且書生氣十足，少不了要向他介紹長安的任俠方式，向他展示他的武藝，誇耀他們的隨身武器，以及如何給刀劍上藥等抉竅。還有如何鬥雞，如何賽馬，如何蹴毬、打獵，如何呼盧賭博，如何爲人報仇，如何殺人越貨，如何向酒家的胡姬調情等等。

這些無疑使初到長安的李白感到新鮮和刺激，很快就加入了他們行列，進行了一些活動，並用詩描繪出了包括自己在內的遊俠風姿：

紫燕黃金瞳，啾啾搖綠鬃。平明相馳逐，結客洛門東。少年學劍術，凌轢白猿公。珠袍曳錦帶，匕首插吳鴻。由來萬夫勇，挾此生雄風。託交從劇孟，買醉入新豐。笑盡一杯酒，殺人都市中。

——《結客少場行》

詩中的「紫燕」是一種駿馬的名稱。「白猿公」指的是傳說中的一個劍術高明的人。「凌轢」，就是超越。「吳鴻」，用以代指吳地產的彎形戰刀，即吳鈎。劇孟，漢代大俠。結客，就是結交俠客。總之李白在這裡描寫的這一群裝束華麗，武藝高強，酗酒滋事，動輒殺人的少年遊俠，使他羨慕不已，現已廁身其間，當然是一種榮耀。

遭遇羽林軍

既然加入了長安遊俠兒的行列，李白自然也參與了一些遊俠兒的鬥毆活動，有一次卻與羽林軍發生了衝突。所謂羽林軍，就是皇家的衛衛，駐守在長安的北門，即玄武門。他們的大小頭目無一不是宗室貴戚子弟，驕縱無比，氣焰囂張。別說是執行公務時如狼似虎，平日裡也都以打人殺人爲樂。

羽林軍此次與遊俠兒衝突，自然不如對付老百姓那麼容易，他們遭到了遊俠兒的有力抵抗。無奈羽林軍人多勢衆，遊俠兒開始招架不住，可是他們又以逃竄爲恥辱，在抵擋了一陣後，逐漸被羽林軍逐個包圍，李白也被數個羽林軍圍了起來。他的劍法究竟算不得高強，眼看著同伴們大都殺出重圍，自己就是不能脫身。就在如不束手就擒，就要死於棍棒刀劍之下的危急關頭，卻聽到羽林軍的頭目一聲吆喝：「快撤！御史台的糾察隊來了！」不一會他們撇下李白，各自逃散。接著一彪手持「憲」字旗的全副武裝的人馬衝到李白眼前，領路的就是李白新結識的朋友陸調。

原來正當他們鬥毆時，有一個認得李白的青年人跑去給陸調報了信。陸調知道這班羽林軍無法無天，生事擾民，只有憲台，也就是御史台可以管一管。於是通過關係搬來了憲台的糾察隊總算把李白救了出來。

這就是李白所回憶的「北門之厄」的全部過程。經過這次厄難，李白對遊俠生涯也多少存了一點戒心，至少在「以武犯禁」方面，不敢像從前那樣貿然相從了。

學劍山東

李白是一個熱愛生活，有著執著追求的人，無論做什麼，都很認眞，總要做得盡善盡美，才肯罷休。他寫詩、飲酒、學仙，無不如此，唯有劍術還不怎麼超群。當然如果只是業餘愛好，倒也不錯，可他曾想棄文從武，做個劍俠，那就遠遠不夠了。

拜裴旻為師

意思是說他學到的那點劍術，連自己也要訕笑自己。其中除去自謙的成分，確也有感到不足的地方。爲此就在他已經成家，有了兒女，接近四十歲的時候，仍然決定離家去山東拜裴旻爲師學劍。

裴旻善舞劍是很有名的，唐文宗曾將其舞劍與李白的詩歌，張旭的草書並稱爲「三絕」。裴自小剛強英勇，武藝高強。曾經隨幽州都督北伐，爲奚軍所包圍，他揮舞著戰刀站立在馬背上，敵軍的箭像雨點般射來，卻都斷在他的刀刃上，未傷他一根毫毛，使敵人大驚失色而退。

後來駐守北平（唐代定州的一個縣）。該地多虎，他一天射殺老虎多達三十一隻。有當地老人告訴他，這不是眞虎，而是彪，另一個地有眞虎，你恐怕不敢去。他立即躍馬前往，果然跳出一虎，體小而凶猛，大吼一聲，山石爲之震裂。裴旻的馬驚嚇而逃，手中的弓箭也隨之墜地，差點爲虎所食。從此以後他再也不敢射虎了，專以舞劍爲樂。

此時的裴將軍正在山東任城閒居，聽說李白來訪，自然熱情款待，惺惺惜惺惺嘛。開始免不了各自在詩藝、劍術上互相表演，互相推崇愛賞一番。可是當李白逕直表明來意時，裴旻卻連連婉言謝絕，或是岔開話題，不言傳授劍術之事。

被裴旻說服

當李白再三肯切陳詞，表明心願時，裴旻便推心置腹地向李白傾吐了自己的苦衷，並提出了坦誠的勸苦：

一個人能夠練就一項蓋世的武藝，自然是好事，可能揚名，可能由此得官，可能施展自己的才華和抱負，但都只是可能，不是必然。還須有其他條件的配合，諸如命運、境遇、人緣等等。就如我自己，劍術、智勇、兵法等都曾受到別人的讚揚，也立過軍功，但為主將所忌，久不升遷，有志難伸。我也曾被皇上召見，賞賜也不少，自然也是榮耀，但皇上只是欣賞我的舞劍，並不量才使用，這不是與對待百戲雜耍等藝人一樣嗎？那有什麼意思。想來想去，還是解甲歸隱，自得其樂的好。賢弟為今日不世之才，寫詩已名滿天下，學道自具仙風道骨，僅憑此就可以上邀明主之歡，下結諸侯之好，飛黃騰達指日可待。又何必棄大道，走小路，跟我學什麼劍術呢？即使學到我這一步，又怎麼樣？無非是多了一項供人觀賞逗趣的小技而已。難道真能夠憑此遊俠四方，創造驚人的奇蹟不成？如果你有機緣，就憑你的下筆驚風雨的詩才，早已見賞於天子，還用得著棄文習武，另找出路嗎？

一席話說得李白心悅誠服，就像裴旻不敢再射虎一樣，李白此後再也不談學劍行俠之事了。讓這個遊俠夢永遠留給他的青少年時代。

不過他的學劍山東之行，使李白對山東的山山水水、風土人情留下美好的印象，從而有不久的遷家山東之舉。

營救郭子儀

救人危困，不圖報答，是我國古代俠士的最基本的，也是最優秀的一種品質，可稱之爲偉大的同情心。在李白身上同樣具有這種美德，而且表現突出，從刀下救出郭子儀一舉，就是傳頌千古的事。

太原之旅

太約是在開元二十三年（七三五）左右，他應朋友元演的邀請，到太原遊了一趟，時間還不短，足有一年光景。起因是元演的父親是一位將軍，當時擔任太原府尹，集行政和軍事大權於一身，是當地一個很有權勢的人物。元演在外面遊歷了很長一段時間，要回家了，便邀約李白一同前往。李白對軍旅生活與塞上風光嚮往已久，只是無緣經歷，現在有此機會，自然樂意奉陪。

大凡武將，未必都瞧得起文人，但大多數卻也愛跟文人交往，是不是藉此附庸風雅，以抬高自己的身分，那就很難說了。元演的父親也屬於此種人，更何況李白是天下聞名的大詩人，又是自己兒子的朋友呢，自然是熱情接待，有求必應，盡量滿足李白的要求。李白也就在元演的陪同下，盡情地遊賞了當地的名勝古蹟，飽覽了塞北的山水風光。每一次豪華的宴會，少不了他們參加；每一個娛樂場所，無不閃動著他們的身影；每一個妓院也無不留下他們的足跡。李白從未有過這樣的自由自在，無拘無束的生活，令他終生難忘。請看他在十幾年以後寫的《憶舊遊寄譙郡元參軍》一詩，一回憶起此次遊歷，仍是那麼眉飛色舞，喜不自禁：

行來北京歲月深，感君貴義輕黃金。瓊杯綺食青玉案，使我醉飽無歸心。時時出向城西曲，晉祠流水如碧玉。浮舟流水簫鼓鳴，微波龍鱗莎草綠。興來攜妓恣經過，其若楊花似雪何？紅妝欲醉宜斜日，百尺清潭寫清娥。翠娥嬋娟初月輝，美人更唱舞羅衣。清風吹歌入空去，歌曲自繞行雲飛。

刀下救人

就在李白有元演的陪同，該遊的遊遍，該玩的玩到，遊興稍有減退的時候，他突然想到自己自幼擊劍習武，嚮往有馳騁沙場的那一天，何不趁朋友的父親爲將軍的便利，到邊地去體驗一下軍旅生活呢？於是慫恿元演向他父親提出要求，經同意，兩人便深入邊塞的軍營中生活了一段間時，足跡已到雁門關。

有一次他們在經過一個營帳前的時候，聽到士兵們吵吵嚷嚷，議論紛紛，似乎發生了一件令士兵們憤憤不平的事。經打聽，原來是個卒長（類似於今日之連排長），將要受到不公平的嚴厲處罰，有可能被殺頭。

這位卒長名叫郭子儀，由於最近奉命進太行山押運糧草，延誤了時間，按軍法必須處斬。可是按情理，郭子儀不僅不應依軍法從事，反而應該表揚才對。原因是在運輸途中，天氣發生了惡劣變化，雨雪紛紛，道路艱險，人馬損傷嚴重。如果不顧士卒的死活，鞭撻他們日夜趕路，說不定可以按期到達，可是郭子儀不忍心將士兵當作牲畜那樣驅趕；如果棄糧而逃，雖可保全自己和士兵的性命，卻是對國家和主帥的不忠。多方權衡之下，郭子儀作了這樣的選擇：寧可個人受軍法懲治，也要保全士卒性命，不讓糧食受損失，就是這樣誤的期。

由於郭子儀早有精神準備，回營後也不向上級申辯理由，只等著接受軍法懲治。可是急壞了他的士兵，因爲郭子儀是爲了愛護他們而誤期的。

李白聽完士兵們的申述，首先就覺得這郭子儀不是等閒之輩，有頭腦、有心胸、有仁愛之心。上對國家，下對士卒，都有一種博大而神聖的責任感，而對自己的生命卻看得那麼微不足道。這比「士爲知己者死」的俠士精神，要高尚得多，偉大得多。自己雖也好慕義行俠，卻不曾有這等光照日月的心胸。現在眼前有這樣一個超群拔俗的英雄，自己袖手旁觀不去營救，還能算什麼俠客，於是下定決心非救此人不可。

首先急匆匆找到元演。元演聽了他的介紹後也很感動，急忙領李白去見他的父親。

這位獨攬軍政大權的府尹，面對著自己的愛子和這位天才詩人的慷慨陳詞，雖覺得有點感情用事，但也不無道理，於是也來點感情用事，答應了他們的請求，下令對郭子儀免於軍法處治。郭子儀就這樣被李白從刀刃下救了出來。

不想謀面的謀面

依照施恩不圖報的任俠精神，李白本不想與郭子儀見面，因為一見面就有圖報之嫌。可是李白覺得郭子儀非同一般，不是池中之物，雖然暫時屈身行伍，將來可能是叱咤風雲的人物。這樣的未來英雄人物應該結識，這不是日後圖其報答，而是顯示自己識人的眼力，如能助他一臂之力，不是可以使他早日成才？

又是在元演的陪同下，李白在郭子儀的駐地見到了郭子儀。郭子儀由於尚不知是李白解救了他，自然也未說什麼感謝的話，只覺得李白氣宇不凡，瀟灑中透出一股英氣，這樣的詩人不多見，於是表示了自己的傾慕之心，並介紹了自己好讀書的習慣。李白見郭子儀那副魁偉、忠厚、英勇而果敢的模樣，證實了他的判斷，雖未有更多的交往，彼此的印象卻是非常深刻的。

當郭子儀知道是李白的營救，使他免於刑責之時，李白早已離開了太原府，回到洛陽了。此後郭子儀雖然顯赫一世，卻從未忘懷此事。當二十年後李白陷於潯陽監獄並可能處死時，郭子儀竟以自己的功勞、官爵為其贖罪。這也可算是施不圖報而得大報吧。

李白與郭子儀的結交與相互救危濟困，能說只是命運的安排，而不是「施恩不圖報」與「知恩必報」兩種俠義美德的相輔相成的效應嗎？

騎驢過華陰

古代遊覽山川風物者，多不騎馬，也不坐轎，而喜歡騎驢。想來這是非常聰明的辦法。馬行太快，而山路難行，勉強登鞍，反有墜馬的危險；如果坐轎，必隨從過多，有敗雅興幽趣；如果全靠步行，那又非體力所能及。只有這驢，既可代步，又絕對安全，一步一景盡可收眼底，隨著驢身的緩慢搖晃，詩興才思，為之滲流，所以古代詩人多有騎驢觀景覓詩的習慣。

詩在驢子背上

李賀寫詩就是靠每天騎著驢子，背著書囊，帶著書童出遊，每覓得好句，便用紙簽錄下，往囊中一扔，到晚上便將囊中紙簽倒出。一一補足成詩。可以說，他的詩就全是驢背上尋得的。

還有曾當過宰相的唐代詩人鄭綮，人家問他最近寫有新詩嗎？他也說：「詩思在灞橋雪中驢子上，此處何以得之？」

後來陸游也寫詩道：「衣上征塵雜酒痕，遠遊無處不消魂。此身合是詩人未？細雨騎驢入劍門。」

如此，驢子彷彿就成了我國古代詩人特有的一種坐騎。李白也是喜歡騎驢的，至今還流傳著李白騎驢過華陰的故事。不過李白不是騎驢索句尋詩，而是騎驢犯禁。

騎驢犯禁

大概就在供奉翰林期間，李白曾去華山腳下的華陰一遊。到了華陰，乘著一時酒興，跨上驢背便上街了。走著走著到了一個行人漸少，門樓高聳的去處，還來不及打聽，就被人攔住，並將他從驢背上拉了下來。不由分說，便往大門內拽。這樣一來，李白的酒意全被弄醒了，睜眼一看，原來是華陰縣衙門。縣令正開門議事，一見這書生目中無人，大搖大擺進來，便怒火中燒，叫隨從拉來審問。

縣令大聲喝道：「你是什麼人？竟敢如此無禮？」

李白此時當然知道是自己違反了該縣的禁令，冒犯了縣令大人。如果說明一下自己的身分，說幾句道歉的話，也就無事了，說不定縣令還會轉怒爲喜，以認識他爲榮呢。可是他又使起俠性來了，堂堂俠士，既已犯禁，豈能認錯？可是不認錯又怎能出得了這衙門呢？憑武功嗎？怎敵得過衆多的縣吏衙役。經反覆考慮，覺得唯一的脫身之法只有借重皇帝的權威了。

李白於是不當面回答縣令的喝問，表示願意寫一份供詞。縣令見此人有些特別，也就應允，讓手下人給他提供筆硯。

不一會兒供詞寫成：「我無姓無名，以酒爲命，酒後嘔吐，曾經用皇上的佩巾擦過嘴，曾在御榻前就餐，皇上親自給我調過羹。高力士曾經給我脫過靴，貴妃娘娘曾給我捧過硯。天子殿前尚且容許我走馬，你華陰縣怎麼就不能讓我騎驢，這是怎麼一回事？」

縣令看後大驚，這位原來就是天才詩人李白，自然連忙賠禮不迭，並說：「先生來華陰遊覽，實爲本縣增光，請繼續騎驢，願到哪裡去，就到哪裡去。如果需要什麼，儘管吩咐。」

李白本無意於誇耀自己供奉翰林，無奈事出尷尬，只好以此脫身，也給了這個縣令一個威嚇與教訓，也算過了一回揚眉吐氣的遊俠癮吧。

後人為此繪有《李白騎驢圖》，還有人寫詩讚道：

仙人騎驢如騎鯨，睥睨塵海思東瀛。
等閑相逢但叱咤，誰知萬古千秋情。

褒貶古俠

殺人如剪草，劇孟同遨遊。

——李白

要離慶忌，壯夫所素輕。妻子亦何辜，焚之買虛聲。

——李白

各種學說都有自己的師承，各有各的崇拜偶像，歷史悠久的還免不了有流派之分。例如到了戰國時代，就有「墨離爲三，儒分爲八」之說，也就是說，墨家已分爲三派，儒家則分成八派了。那些流派的創始人，自然又各有各的崇拜者。

遊俠作爲一種學說和社會勢力也是如此。開始時，其扶危救困與以武犯禁是密不可分的，扶危救困往往是通過以武犯禁來實現的，也就是說，對社會的建設與破壞，往往集於一身，所以既受到一部分人的擁護，也遭到部分人的反對。隨著社會的發展與中央集權社會制度的建立，遊俠的這兩個方面存在著兩極分化的傾向，有的側重於扶危救困，有的則側重於以武犯禁。前者憑藉的是智慧與獻身精神，後者則只是憑藉武力。後者一般被稱爲武俠，前者就可稱爲文俠了。

李白是個詩人，兼任遊俠，自然屬於文俠了。從李白寫的遊俠詩看來，他崇拜祭弔的多是文俠，對於武俠，較少稱頌，甚至還要貶損。

朱家之義

西漢有幾個舉世聞名的大俠，李白稱頌的只有朱家與劇孟，因爲他們以扶危濟國爲己任，施恩從不圖報；有成人成事之心，無恃武犯禁之嫌。

朱家是魯人，以任俠聞名。他仗義疏財，隱匿救治豪士達數百人，但從不炫耀自己的才能和恩德；如果對人有什麼施賞，也盡量不讓受施賞者知曉。他自己並不富裕，家無餘財，衣著樸素，食不求甘，只乘小牛拉的車，而濟人救危卻慷慨大方。

漢初的大將季布就是他救助的。季布本爲項羽的大將，劉邦常吃他的敗仗，被弄得狼狽不堪。在滅了項羽以後，劉邦懸賞捉拿季布，並宣稱如有隱藏不報者，罪及三族。朱家卻敢於將季布剃了髮，頸項上套上鐵環，隱藏在自己的奴隸中。然後通過汝陰侯去說服劉邦，將季布赦免，並給他官做，後來一直作到中郎將。朱家對季布的恩德可謂大矣，可是他從未受季布一絲一毫的報答。

此種成人的美德是李白最崇尚的，如能結交這樣的豪俠，自然是無尚光榮。所以他渴望自己與朋友有朝一日能夠結交像朱家一樣的朋友：

歷抵海岱豪，結交魯朱家。

劇孟之威

至於劇孟，李白更是傾慕不已。

劇孟是洛陽人，扶困濟危，疏財仗義，很像朱家，然而多幾分天眞。好玩六博之戲，與少年朋友相處很好，很有號召力。當吳楚七國以淸君側名義聯合反叛朝廷的時候，條侯周勃爲太尉，負責平叛，他首先就將劇孟籠絡到自己身邊，穩住他，不讓吳楚一方拉過去。爲此他非常高興，說：「吳楚等國舉兵而不拉攏劇孟，我知道他們必然成不了事。當天下騷亂之時，如果宰相得到劇孟，就等於消滅了一個敵國。」劇孟的能量之大，影響之廣可想而知。

可是劇孟並不逞強好勝，一味胡來，而能審時度勢，深明大義，助成平叛大事，爲國立功，爲民造福，所以聲名遠播，天下傾慕。劇孟母親死的時候，自遠方趕來送葬的車子有千乘之多。而當劇孟死的時候，留下的家財連十金都不到。

李白對於這樣的遊俠自然是非常崇拜的，希望自己也能做這樣的大俠。所以在他的詩中，頌揚劇孟的地方很多，像：

殺人如剪草，劇孟同遨遊。

＊　＊　＊

託交以劇孟，買醉入新豐。

＊　＊　＊

自憐無劇孟，何以佐良圖。

要离不可取

李白對於那些專門替人報私仇的刺客，則不敢恭維，尤其是對他們爲達到目的而喪失理智和親情的殘忍行爲，表示憤慨。像春秋時代吳國的刺客要离，就非常反感。認爲要离的所作所爲是一個堂堂正正的大丈夫不應該做的。

吳公子光在利用專諸刺殺吳王僚後，自立爲王，這就是吳王闔閭。可是僚之子慶忌尚在衛國，闔閭害怕他回國報仇，終日鬱鬱寡歡。伍子胥看出了闔閭的這種心思，便將刺客要离引薦給他，說此人可爲大王報此仇。

要离在見了吳王後，即主動請求前往衛國謀殺慶忌。爲了取得慶忌的信任，他假裝忤犯闔閭，負罪出逃，並叫闔閭將他的妻子兒女燒死在大街上，以使慶忌不生疑心。這一招果然靈驗，當要离找到慶忌的時候，慶忌也就完全信任了他。

要离便向慶忌獻計說：「闔閭無道，王子你是知道的，今天又殺我妻子兒女，此仇我非報不可。吳國的內部情況我熟得很，願意爲王子引路，潛回吳國去殺掉闔閭。」慶忌也就同意了要离的復仇計畫。

三個月之後，他們帶著士卒回吳。當渡江船行到中流時，要离便在暗中用矛刺向慶忌。慶忌曾拔開矛頭，但仍被其刺中。慶忌也是一個勇士，身手不凡，就在受重傷的情況下，仍然揪住要离的頭，按入水中，將要离灌得半死時，再來羞辱他。

隨行的士卒都要殺死要离，卻被慶忌阻止了。說要离好歹也算個勇士，殺了他，今天就要死兩個勇士了，還是放了他，讓他回去接受闔閭的表彰吧。

慶忌由於傷勢過重，不一會就死在船上。船到了對岸，已是吳國的地界了，要离本可以回去邀功請賞，可是他突然受到良心的譴責，意識到自己的所作所爲是不仁，不義，不勇，還有什麼面目見天下之士呢？於是縱身投江自殺，可是又淹不死，被人救上來。最後還是自己先用劍砍斷自己的手腳，再伏劍而死。

像要离這樣的俠客，自然是沒有頭腦的糊塗蟲。他好像就是爲別人復仇而活著，他的人生價值就是充當別人的殺人工具，只要能替別人殺人，就感到滿足與自豪，其他什麼都可以不要，連妻室、兒女，都可以讓別人宰殺。這種人自以爲豪氣蓋世，其實是愚不可及。所以李白輕蔑地寫道：

要离殺慶忌，壯夫所素輕。
妻子亦何辜，焚之買虛聲。

對女俠的膜拜

李白用他的詩祭弔、頌揚過很多著名的遊俠，但很少有專篇，唯獨對女俠另眼看待，多用專篇稱頌其事。這是李白認為現實生活中敢於見義勇為，替人排難解紛的男子也不多，而弱女子都能做到這樣，就更是難能可貴，值得用美麗的詩篇頌揚其事，使其流傳千古。這不僅僅是為她們的英勇事蹟唱讚歌，也是對女性挺身而出維護自身幸福與利益的反抗意識的喚醒，自然也是對男俠的一種激勵。

秦女休

西門秦氏女，秀色如瓊花。手揮白楊刀，清晝殺仇家。羅袖灑赤血，英聲凌紫霞。

——李白《秦女休行》

秦女休是漢代燕王的妻子，年紀不大，只有十四、五歲。她的父親被人所殺，上有兄，下有弟，都是膽小怕事的人，只是忍氣吞聲，不敢言復仇之事。女休已嫁爲燕王婦，榮華富貴已經到手，本可以不管此事，可是她不計這些，在作了長期準備以後，左手操著白楊刀，右手拿著長矛，隱身於大街之上，伺仇人一出現，手起刀落將其殺死，橫屍街頭。女休逃至山中，卻被關吏逮住，押往官府。正當被定爲死罪，押赴刑場斬首，劊子手的屠刀已高高舉起的時候，朝廷的赦書已經傳來，得到寬免，保全了性命。

以上這個故事是三國時代魏國的一個音樂家左延年所作樂府《秦女休行》的

歌詞中所寫到的。

李白鑒於秦女休這個小小年紀的弱女子，敢於抱著必死的決心殺人都市，爲親復仇，其剛毅之氣，要超過男子千百倍，所以覺得他的筆下如果沒有她的形像，就算不得一個正義的詩人，於是不嫌重複，仍用樂府舊題，將秦女休爲父報仇的故事，重新描述和頌揚了一番。在詩的最後，李白高聲唱道：

何慚聶政姊，萬古共驚嗟。

意思是說，秦女休此舉，比起聶政的姐姐來，也毫無愧色，共同流芳百世。

說到聶政的姐姐，也是一個俠義女子。

聶政是戰國時代的一個俠客，爲報知己之恩刺殺了韓相俠累。事成後，既逃脫不了，又不願牽累親屬，於是自己割去臉皮，挖出眼睛，然後剖腹自殺，讓人認不出自己是誰。韓國便將他的屍體暴露在大街上，並且懸賞，凡能認出這具屍體是誰，便賞千金。聶政如此毀容，自然誰也認不出來。

當聶政的姐姐聽到這個消息時，預感到可能是他弟弟，便跑去一看，果然是聶政。於是抱屍痛哭，旁人勸她說，現在正懸賞認此人，要滅他的全家，你反而主動來認屍，豈不自投羅網？可是她坦然相告：

「我弟弟只有我一個親人，他所以如此毀容，不讓人認出，就是為了保護我。我豈能怕殺頭而埋沒弟弟的英名，我來認屍正是為讓世上所有的人都知道有這麼一個聶政。」

還沒有等官府來拘捕，聶政的姐姐早已自殺在弟弟的屍體旁邊。聶政也就這樣名揚千古了。

溧陽義女

聞有貞義女，振窮溧水灣。清光了在眼，白日如披顏。高墳五六墩，崒兀棲猛虎。遺跡翳九泉，芳名動千古。子胥昔乞食，此女傾壺漿。運開展宿憤，入楚鞭平王。凜冽天地間，聞名若懷霜。

——李白《遊溧陽北湖亭望瓦望山懷古贈同旅》

能夠手揮刀劍，殺人街市，爲親復仇的勇婦，自然是女俠；要是能夠救人危難，助人成大事而獻出生命的女子，自然也應該是女俠，李白就曾爲古代這樣一個女俠而熱情謳歌。

這女子不知姓名，春秋時代溧陽（今屬江蘇）人，爲了奉養老母，年已三十尚未嫁人。常常到溧水邊漂洗絲綿，中午也不回家，把午飯帶至江邊。

伍子胥當年從楚國逃出，來到溧陽，又病又飢，身無分文。恰好在溧水邊遇上這位女子，看見她的竹筐裡有飯，便向她討一點飯吃。那女子開始有點不願意，後來看伍子胥不是一般人，便恭恭敬敬地將帶來的飯菜、湯水全部給了他。並說：「你要走很遠的路，就吃個飽吧。」

伍子胥吃飽飯，臨走時對這位女子說：「請你蓋住你的飯筐，不要讓人看出有人在你這裡吃過飯。後面有人追殺我。」

沒想到那位女子卻說：「放心吧，不會有人知道的。我守著母親，獨居三十年，不願嫁人。今天我卻情願送飯給你這個陌生男子吃，已經越出禮儀。你任重道遠，走你的路吧，我不會暴露你的行蹤的。」

伍子胥走不多遠，回頭一看，那女子已經投身溧水自殺了。此女爲了成全伍子胥，不暴露他的行蹤，竟獻出了自己的生命。這種以死相救，比大丈夫的見義勇爲，拔刀相助更難得，更可貴，使李白深受感動。爲此當他於天寶十三載重遊溧陽時，即應溧陽縣令的約請，寫有《溧陽瀨水貞義女碑銘》，刻石立於大路邊，供後人緬懷憑弔。銘辭中有這樣幾句話：

伍胥東奔，乞食於此。
女分壺漿，滅口而死。
聲動列國，義形壯士。

據說後來伍子胥攻破楚國，復仇雪恥，率師返吳途中，曾特意來到這位女子的投江之處，悲傷徘徊，不忍離去。他想到如果沒有這位女子用生命來接濟他、掩護他，他就不會有今日的咆哮烜赫，不可能「張英風於古今，雪大憤於天地」。可是欲作報答，又不知其家，於是投百金於江中，以作祭奠。此種知恩圖報的舉動，自然也爲李白所稱美。

這個故事僅僅是歷史傳說，事之有無，很難考實。然而李白一再形之於筆端，自有其對女俠的一種特有的崇敬與膜拜。

東海勇婦

東海有勇婦，何慚蘇子卿。學劍越處子，超騰若流星。損軀報夫仇，萬死不顧生。白刃耀素雪，蒼天感精誠。十步兩躍躍，三呼一交兵。斬首掉國門，蹴踏五臟行。豁此伉儷憤，粲然大義明。

——李白《東海有勇婦》

詩為幹謁作

李白歌頌的秦女休與溧陽義女，都是古俠，這裡歌頌的東海勇婦，卻是與李白同時代的人。

天寶四載（七四五）左右，李白曾去拜謁當時任北海太守的李邕。李邕為人正直，頗有政績，而且學問、文章、書法都有很高的造詣，可謂健筆灑落，學貫天人，名重一時。李白一向很崇拜他，年輕時就曾寫有《上李邕》一詩，此次拜見，當然更帶著幾分虔誠與渴慕，免不了還有幾分求助求援的心理。

按當時慣例，李白應該對李邕進獻一點自己的詩文請求指點，才可盡晚輩的敬仰之情，如果詩文的內容能夠與頌揚長者的功德結合起來，自是錦上添花了。事有湊巧，當時東海郡發生了一個女子為其丈夫報仇而殺死仇家的驚人之事，本該治罪抵命，可是經這位李北海的「飛章奏天庭」，不僅得以免罪，而且還受到表彰。李白於是寫成樂府詩《東海有勇婦》，一方面將這個勇婦重筆揮灑，頌揚備至；同時也就誇讚李邕的德行。可以說它既是一首遊俠詩，也是一首干謁詩。

詩中特別對於這位勇婦為夫報仇的勇敢精神作了具體描繪，說她「十步兩躩躍，三呼一交兵」。這是說，見了仇人十步當作兩步跳，大喊三聲就刀劍交加。殺了仇人，「斬首掉國門」，還不解恨，還要「蹴踏五臟行」，踩碎他的五臟六腑。這些描寫都是為了突出她的勇敢無畏。

以緹縈作陪

為了頌揚此種女俠精神，李白還在詩中點出歷史上的另外兩名女傑作為陪襯。一個是漢代的緹縈，一個是春秋時的趙津女。

漢初有個名醫叫淳于意，曾任過太倉令。後來犯了法，被逮捕押往長安。他沒有兒子，只有五個女兒，臨行時，五個女兒圍著父親大哭。淳于意便爲膝下無子而傷心，不免生氣說：「只恨我不生兒子，到了緊急關頭無人能幫我一把。」那位最小的女兒名緹縈，深爲父親的話所感動，便隨父西行。

到了長安，緹縈便向朝廷上說：「小女子的父親爲吏，當地人無不稱其廉潔公平。今天犯法當刑，我痛切地感到，死者不可以復生，形者不可以復贖。即使想改過自新也不可能。我願意充當官婢，以贖父親的罪，使他能夠改過自新。」她的上書傳至天子那裡，天子悲憐緹縈的用心，就放了他的父親，並於當年廢除了肉刑。

這個能救別人的命，救不了自己的命的一代名醫，就這樣被他罵爲不中用的小女兒給救了出來，這個女兒的膽識與勇敢，就是數百名男子也是趕不上的。這就是歷史上有名的緹縈救父的故事。我國第一首咏史詩，班固的《咏史》就是寫的這個故事。

以津女爲櫬

趙津女，本是春秋時趙國一個河津吏的女兒，名叫娟。趙簡子發兵向南，要去攻打楚國，與津吏約好某時某刻從他那裡渡江。可是當趙簡子如期趕到河邊時，這個津吏卻喝得大醉，不能渡江。趙簡子要殺他。

這個津吏的女兒便主動求見趙簡子，慷慨陳詞說：「我父親聽說主君要渡江，恐起風波，驚動水神，所以主動供具祭品，祭祀九江三淮之神，禁不住巫祝的勸酒，所以醉成這樣。主君如果要殺他，我願意用我的生命換取他的死。」

簡子說：「這不是你的罪過，怎麼要你去死。」娟又說：「主君如果因其醉而醉而殺他，我看他是身不知痛，而心不知罪。若是他不知罪而殺他，那就是殺無辜了。希望讓他醒來以後再殺，讓他知道他的罪。」

簡子說：「好！」於是釋放她的父親，暫時不殺。

簡子正準備渡江，卻少一個划槳的，娟便主動去頂替。船至中流還爲簡唱了一首《河激》的歌。歌詞說：

升彼阿兮面觀清，水揚波兮杳冥冥。
禱求福兮醉不醒，誅將加兮妾心驚。
罰既釋兮瀆乃清，妾持楫兮操其維。
蛟龍助兮主將歸，呼來櫂兮行勿疑。

簡子聽了非常高興，不久就娶娟爲夫人。

這兩個義女救父的故事及其意義，就是李白在詩中所頌揚的：

淳于免詔獄，漢主為緹縈。
津妾一棹歌，脱父於嚴刑。
十子若不肖，不如一女英。

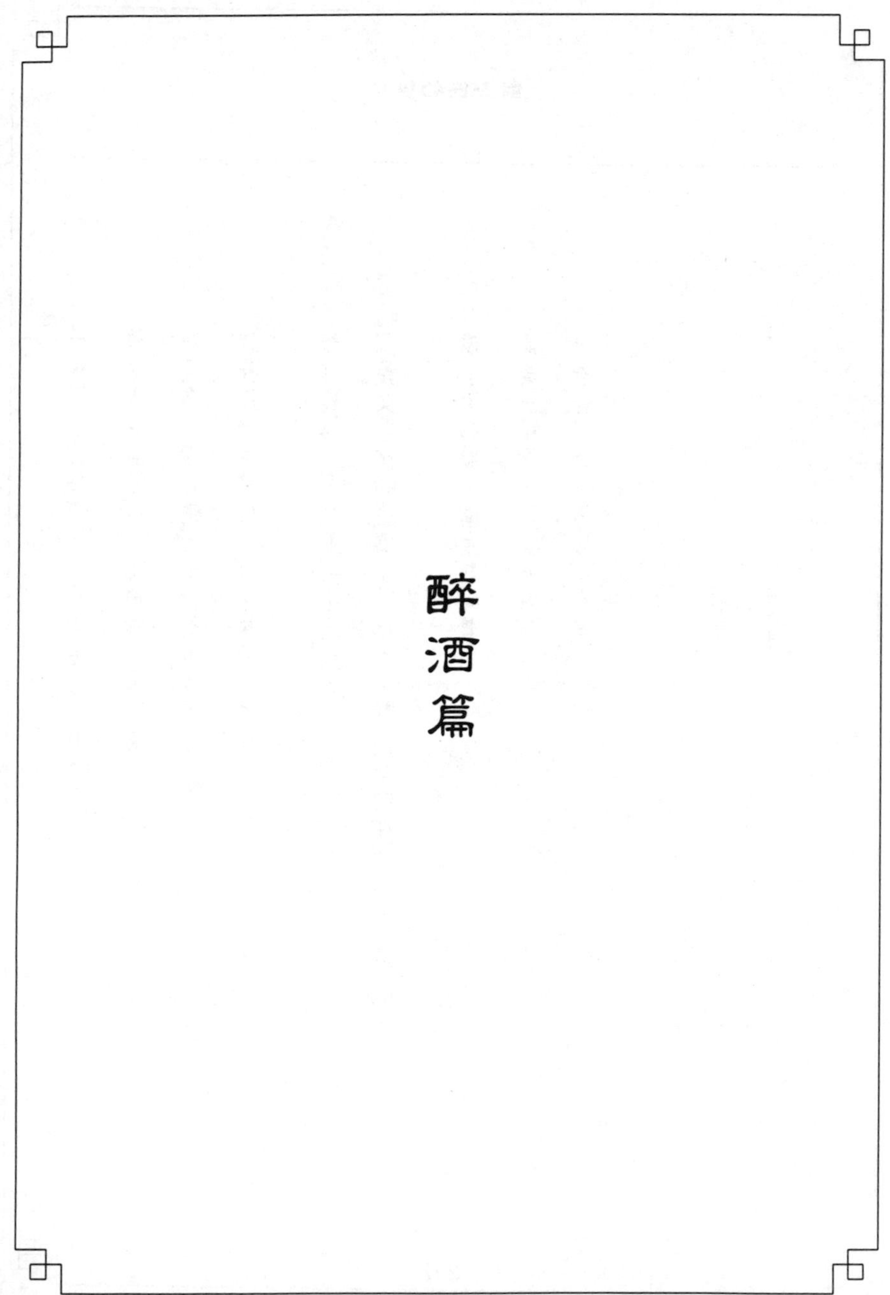

醉酒篇

李白一斗詩百篇，長安市上酒家眠。
天子呼來不上船，自稱臣是酒中仙。

——杜甫《飲中八仙歌》

何事文星與酒星，一時鍾在李先生。
高吟大醉三千首，留著人間伴月明。

——鄭谷《讀李白集》

酒這種東西，古代稱之為「天之美祿」。何謂天之美祿？用現代的話解釋，就是大自然為人類投入它的懷抱，使它得到溫暖，不感到寂寞，而給人類的一種回報，一種俸祿，一種美妙的享受。

不過這種天賜的俸祿，也不是人人都能享受得到的。有些聞到酒氣，就像有芒刺在背那樣難受的人，那就沒有這個福分了。只能怪上帝既吝嗇又偏心，不將這份美祿普賜給天底下的每一個男人和女人，老人和小孩了。

如此說來，上帝對李白是最慷慨，最憐愛的了。他得到的這種福分比常人要多數倍，乃至數十倍。他不僅可以無限量地享受這種美味，而且可以將它當作人生跑道上的潤滑劑與興奮劑，以達到心力與才力的頂點。

他可憑酒增強自己大鵬之志與濟世雄心；可憑酒壯大膽量，與禮教、世俗抗爭，與自己的命運抗爭；憑酒盡情表達歡樂、發洩憤怒、掩藏悲哀、排解憂愁；憑酒激發靈感，寫出大量壯麗的詩篇；可憑酒神遊八極，與神仙攜手。

總之，李白終生以酒爲伴，以酒爲命。一離開酒，就會感到空虛，人生就沒有意義，沒有光彩，世界就屬於自己。有了酒，就有了生機，有了欲望，一切都變得可親可愛，充滿誘惑力，充滿詩情畫意。

爲此，在李白與酒之間，可以劃上等號，李白就是酒，酒就是李白。以致誰見到「太白遺風」的招牌，都知道是酒店。

下面要說的，就是酒中的李白。

飲酒的理由

人生得意須盡歡，莫使金樽空對月。
天生我材必有用，千金散盡復還來。
烹羊宰牛且為樂，會須一飲三百杯。

* * *

鐘鼓饌玉不足貴，但願長醉不用醒。
古來聖賢皆寂寞，惟有飲者留其名。
陳王昔時宴平樂，斗酒十千恣歡謔。
主人何為言少錢，徑須沽取對君酌。
五花馬，千金裘，呼兒將出換美酒，
與爾同銷萬古愁。

——李白《將進酒》

古人飲酒無理由

酒在我國的製作與飲用，可謂源遠流長。嗜酒如命，酒量大得驚人的酒徒，可謂數不勝數。

戰國時代，齊國的淳于髡，就善於飲酒。齊威王問他能飲多少，他回答說要看場合。如果是朝堂賜酒，喝起來有點戰戰兢兢，喝一斗就可能醉；如果是正規嚴肅的酒宴，拘禁太多，兩斗就可以醉人；如果是男女同席，不拘禮節，吹滅蠟燭，舉動自由，狂歡達旦，那喝上一石也不會醉。一石就是十斗，多驚人的數字。

後漢的蔡邕，據說也能喝一石，常常醉臥道上，人們還爲他取了個「醉龍」的綽號。同時代的鄭玄也是能喝一石的。

晉朝的「竹林七賢」，可以說是酒徒協會的常務理事機構，酒量都大得嚇人。劉伶最爲突出，常載酒出遊，一路痛飲，並帶鐵鍬一把，吩咐從人，自己在哪裡醉死，便埋在哪裡。

一次酒癮大發作，劉伶忙叫妻子備酒。妻子勸他再不要喝酒了，會損傷身體。劉伶說那就備好酒佳餚來，讓我禱告上天，從此戒酒。妻子大喜，以爲劉伶終於同意戒酒，便大辦酒肉，供他祭禱。哪知道他跪在酒席前，向上蒼禱告說：

天生劉伶，以酒為名。
一飲一石，五斗解酲。
婦人之言，慎莫可聽。

祝禱完畢，將一桌酒席，一掃而光，然後倒頭便睡，進入那奇妙的醉鄉。

這就是有名的劉伶耍癩皮，騙妻子酒喝的故事。他說喝五斗只能解除上次醉酒造成的困乏，也就是酒病，只有喝上一石才能過癮，其酒量可想而知。

另外「竹林七賢」中的山濤也能喝五斗。阮籍一醉就是數月，其酒量之大，也是難以估計的。

可是這些大酒徒，只知道貪杯狂飲，喝個痛快，然後去享受醉鄉中的溫柔與縹緲，或是說出一些放浪形骸的驚人之語。可他們從未爲飲酒找理由。劉伶雖然寫過一篇《酒德頌》，可是他只是說「唯酒是務，焉知其餘」。只是一味頌揚其「兀然而醉，豁爾而醒」，「無思無慮，其樂陶陶」的酒中眞趣。這不是理由，而是感覺。

能飲，也能提出理由的只有李白。

李白的理由

李白的飲酒理有淺層與深層之分。淺層者，指他不假思索，隨手拈來的理由；深層者，指他經過認眞考慮，並用以指導其行動的理由。不過無論是淺層的，還是深層的，嚴格說來，都無理論價値，只是李白思想情緒的反映。所以李白的飲酒理由，於酒史的研究無補，對李白的人生探討卻是非常有益的。

淺層理由

李白的淺層飲酒理由是用詩寫出來的，雖不免有點偏頗，卻是非常新鮮而浪漫的。

他首先認爲愛酒是天理自然，用不著有什麼愧疚之心。他說天和地都是愛酒的，人還有什麼不能愛的呢？你若問他，你怎麼知道天愛酒，地也愛酒呢？他會回答你：天如果不愛酒，天上怎麼會有酒星呢？酒星自然是專管造酒的，如果地不愛酒，怎麼地上會有酒泉郡呢？酒泉郡的泉水不就是有酒味嗎？那地喝下的酒就不知有多少了。

其次，他認爲自古就把清酒比作聖人，把濁酒比作賢人，說明聖賢都是愛酒的；至於神仙飲酒就更普遍了，不然怎麼處處會有酒仙呢？

既然天與地，聖與賢，乃至天上的神仙都愛酒，那飲酒就是合乎大道，順乎自然，適乎人情的。

飲酒不僅使你生理上得到享受。產生飄然欲仙的快感，還可以在精神上得到種種滿足。你如果想得到什麼，酒後彷彿就可以出現在你面前；你如果想排除煩惱與憂愁，酒後就會煙消雲散；如果想壯壯膽，酒後就會膽大包天。只要杯酒下肚，什麼問題都可以想通；要是喝下一斗，自身就與大自然融合爲一體了。

這種種樂趣，只有飲酒的人才能得到的，不飲酒的人是無法理解，無法享受的，所以用不著向他解釋什麼，傳遞什麼。

這就是李白在其《月下獨酌》中所寫的：

天若不愛酒，酒星不在天。地若不愛酒，地應無酒泉。天地既愛酒，愛酒不愧天。已聞清比聖，複道濁如賢。聖賢既已飲，何必求神仙。三杯通大道，一斗合自然。但得酒中趣，勿為醒者傳。

此種理論自然是強詞奪理，是一種歪理，是酒徒挖空心思爲自己找來的藉口。可是你不覺得唯其如此，才見出李白的天眞、幽默與浪漫嗎？

深層理由

老子說過：「天地尙不能久，而況人乎？」莊子說過：「人生天地之間，若白駒過隙，忽然而已。」自他們的這種言詞一出，「人生如夢」的思想就廣爲流行。尤其是那些知識分子，經常掛在嘴邊，將它當作口頭禪來念叨。更有意思的是它還成爲讀書人的遺傳基因，代代相傳。

尤其是詩人，更爲嚴重。自魏晉以來，這種思想幾乎成了詩歌的一種永恆的主題。像下面這些詩句，可以說俯拾皆是：

人生非金石，豈能長壽考？

＊　＊　＊

人生寄一世，奄忽若飆塵。

＊　＊　＊

人生天地間，忽如遠行客。

就是連曹操橫槊賦詩，開頭也是高唱：

對酒當歌，人生幾何？

譬如朝露，去日苦多。

慨當以慷，幽思難忘。

何以解憂？唯有杜康。

李白不消說也得了這種遺傳病，而且似乎比前人想得更深更多。且看他說的：

夫天地者，萬物之逆旅也；
光陰者，百代之過客也。
而浮生若夢，為歡幾何？

* * *

生者為過客，死者為歸人。
天地一逆旅，同悲萬古塵。

如何充分利用和享受這有限的生命，李白有種種追求，而其中最簡便，最易達到目的的，無過於飲酒。酒中自然無憂無慮，自有美妙世界。一個人能長期迷醉於這種美妙世界，也就不枉來這天地的旅館裡，當一回遠行客了。你看他下面吟唱的，無非就是這個意思：

鸕鷀杓，鸚鵡杯。
百年三萬六千日，一日須傾三百杯。

* * *

清風明月不用一錢買，玉山自倒非人推。

舒州杓，力士鐺。

李白與爾同死生。

李白這種發自心底的與酒同死生的呼喊，也就是面對人生短促，光陰不再，功名富貴難求，「天之美祿」易得的現實，所作出的避難就易的選擇。這種選擇與其說是李白的飲酒理由，不如說是李白對萬事不稱意的煩惱人生中一種否定與無可奈何。

飲酒的環境

將進酒、杯莫停。
與君歌一曲，請君為我傾耳聽。
鐘鼓饌玉何足貴，但願長醉不願醒。
古來聖賢皆寂寞，唯有飲者留其名。

——李白《將進酒》

就李白好酒的程度與酒量說，比起歷史上的大酒徒來，恐怕難以超越。即使眞的如他自己說的日飲三百杯，也不過數斗而已，離歷史上的最高紀錄還差得遠。

然而李白飲酒要講究環境與氣氛，都是歷史上少有的。他絕不像阮籍那樣，一醉就是六十日，糊裡糊塗讓生命縮短了兩個月；更不像劉伶那樣，隨身帶鍬，醉死在哪裡就葬身在哪裡。這樣就是眞正的醒生夢死，無異於浪費生命，蹧蹋生命。醉鄉固然溫柔舒適，但就在這溫柔鄉中死去，也就太沒意思了。

李白認爲醉鄉與生命並存，而又依附於生命。生命一旦結束，還有什麼醉鄉可言。一個人只要不死，醉鄉就隨時可進。所以李白不同意那些一醉了之的言論，而企求長命百歲：「百年三萬六千日，一日須傾三百杯。」

同時李白認爲只顧一頭栽進酒池，像長鯨吸百川那樣喝，也太單調乏味，應該有多方面的享受，多方面的刺激。也就是說，在痛飲美酒的同時，還應該有來自酒以外的美的享受，所以他特別強調喝酒的環境與氣氛。

應有春風伴

李白最喜歡在春風拂面、花香鳥語的環境飲酒，即使獨酌，也感到無限快慰。請看：

勸君莫拒杯，春風笑人來。
桃李如舊識，傾花向我開。
流鶯啼碧樹，明月窺金罍。

——《對酒》

玉壺繫青絲，沽酒來何遲。
山花向我笑，正好銜杯時。
晚酌東窗下，流鶯複在茲。
春風與醉客，今日乃相宜。

——《待酒不至》

三月咸陽城，千花晝如錦。
誰能春獨愁？對此徑須飲。

眼前有含笑的鮮花，耳朵裡迴旋著流鶯的歌聲，微紅的臉頰有春風吹拂，如此種種，就是酒以外的多種享受。這樣飲酒，頹然醉倒。連夢也是香的，散發的酒氣中也飄蕩著流鶯的歌聲。這是對酒的貪戀，也是對春風、鮮花與流鶯的貪戀，其中就包含著對生命的珍惜，對生活的熱愛，以及對一切美好事物的追求。

李白所追求的此種酒中眞趣，古代的酒徒不常見，現代的酒徒大概更缺乏此種情趣與素養吧。

須有月作陪

如果李白的詩讀多了，就會發現李白特別喜歡在月下飲酒。可以說，對月獨酌是李白的一種飲酒習慣，也是他的一種樂趣，像這樣的詩句，在他的詩集裡隨處都可以見到：

唯願當歌對酒時，月光長照金樽裡。

＊　＊　＊

對此石上月，長醉歌芳菲。

＊　＊　＊

且須飲美酒，乘月醉高台。

李白喜歡在月下飲酒，當然也是他尋求的一種刺激與享受，使生活多一種色彩，多一種韻味。然而爲什麼對月把盞就是一種刺激、一種享受呢？這可就是李白深藏心底的一種祕密了。這裡不妨爲之尋繹點滴：

聊慰孤獨

李白喜熱鬧，愛歡聚，最怕孤獨。如果有朋友相邀，他也會「不以千里遙」前去赴約。可是人生有聚就有散，有歡就有悲，有成功就有失敗，誰也不能保證與孤獨無緣，誰也不能因爲害怕孤獨，孤獨就不來找他。

李白一生求仕未得仕，求仙未成仙，任俠未成俠，該有多少失意，該受了多少挫折，所以他這個最怕孤獨的人，孤獨又偏偏與他結下了不解之緣。每當孤獨之時，他當然可以向酒求助，可是如果只是一個人在燈下喝悶酒，固然可以消除憂愁，卻不能驅散孤獨，甚至在憂愁被暫時麻醉過後，孤獨就顯得更加突出，更加難以忍受。

如果在月下飲酒，情況就不同了。如盤，或如鈎的月兒照著自己，地上留下自己的身影。月兒在天上徘徊，影子在地上移動，自己則在它們中間頻頻舉杯，這不成了三個人嗎？月兒和影子雖然不能與自己一同喝酒，卻可以陪伴自己喝酒，為自己勸杯，為自己助興。

自己唱歌時，月兒在天空慢步細聽；自己起舞時，影子也跟著旋轉飛動。如此三個人同歡同樂，還有什麼孤獨呢？這不更能讓自己喝得痛快嗎？至於醉了以後，自然不見了月，也不見了影，可是到那時，連自己身在何處，是人？是仙？是蝴蝶？都不知道了。「不知有吾身，此樂最為甚」，那還有什麼孤獨感呢？

這些就是李白在《月下獨酌》（其一）所表明的？…

花間一壺酒，獨酌無相親。舉杯邀明月，對影成三人。月既不解飲，影徒隨我身。暫伴月將影，行樂須及春。我歌月徘徊，我舞影零亂。醒時同交歡，醉後各分散。永結無情遊，相期邈雲漢。

助天人之思

月色是美麗的，而且是永恆的；人是愛美的，而人生卻是短暫的。以有限的人生，來享受這無限的月色，無論如何是看不夠，愛不足的。所以古人面對當空的皓月，常常引發出哲學的思考和人生的感嘆。

初唐詩人張若虛就在他的《春江花月夜》中，作過這樣的天與人之間的哲學思考：

江畔何人初見月，江月何年初照人？
人生代代無窮已，江月年年只相似。
不知江月待何人，但見長江送流水。

別看他盡說些傻話，心中要表明的仍只是時光易逝，青春難再，美好的人生，不能與美好的明月長期共存，多麼令人惋惜。

李白在月下獨酌的時候，也常常引出這樣的深思，發出這樣的感嘆。由於有酒的助興，神思恍惚，說的話更傻，更有深意。

他曾經在月下，手端金盞，一杯接一杯往肚裡倒酒的時候，突然停下杯來，對著蒼天發問：

青天有月來幾時？我今停杯一問之。

* * *

白兔搗藥秋復春，嫦娥孤棲與誰鄰？

這自然是明月不能回答，青天不能爲他說明的，這是古往今來誰也窺不破的宇宙奧祕。此理李白何嘗不知道，他之所以要向蒼天發問，也無非是慨嘆明月長存，人生短促，這長與短的僅差太大，所以但願與月相隨相伴，同樂同醉。這也就是李白在《把酒問月》中所表白的：

今人不見古時月，今月曾經照古人。
古人今人若流水，共看明月皆如此。
唯願當歌對酒時，月光長照金樽裡。

感情交流

前述李白對明月所發的天人之思與慨嘆，說實在的，並沒有超出前人的見解與感情，可以說這是人類共同的遺憾，無法彌補，古今中外，概莫能助。不同的是李白能從這種遺憾中跳脫出來，用他那迷離的醉眼和天眞的童心，將明月看成有生命、有感情的人類朋友，而且設想明月也能夠深深地理解人類對它的喜愛與企盼，似乎對她的不能降臨人間同樣感到惋惜。

如此，無論是李白眼中的明月，還是李白筆下的明月，不僅都有著皎潔的臉龐，更有著豐富的感情，甜蜜的微笑。李白與月已經有了心靈的溝通與感情的交流，就像他與神仙的交遊一樣，他同樣在與明月對話。當然正如他與神仙攜手遨遊，須在遊名山之際一樣；他與明月的傾心交談，也須在月下獨酌之時。

請看看李白筆下的明月：

人攀明月不可得，月行卻與人相隨。

這就是人類與明月的親密關係。人們追攀皎如飛鏡的明月，無奈她在九天之上，高不可攀，可是明月並不因爲自己居高而氣傲，忽視人類對她的追攀，而是九天之上徘徊顧盼，將她的清輝灑向人間，與月下的人相隨相伴，讓人們在她的溫柔懷抱中得到各自的歡樂與安慰。此種關係，似乎還不能用朋友的關係作比，而應該用母子關係或情人關係作比才更恰當。

再看看另一個明月形象：

峨眉山月半輪秋，影入平羌江水流。
夜發清溪向三峽，思君不見下渝州。

峨眉山的月亮，就是李白故鄉的月亮。人們常說「月是故鄉明」，並不是說故鄉的月真的就比他鄉的月明亮，而是因爲故鄉的月照到的是故鄉的山川、土地、房舍、樹木等等，都是那麼熟悉，那麼親切。尤其是當一個人即將離開故鄉，或者回到故鄉，見到這一切時，還會砰然心動的。帶著這種感情色彩看月亮，自然是故鄉的月特別明了。你看這峨眉山的月亮只有半邊臉，李白就覺得它映入平羌江（即青衣江）的影子，就比他鄉的月亮映入他鄉的江河的影子美麗得多，可愛得多。爲此當他離開清溪向三峽進發，而見不到這峨眉山月的時候，不免油然而生依依不捨之情，而直呼她爲「君」了。這一擬人化的字眼，傾注了李白多麼深厚的感情啊！

更有甚者，李白在《月下獨酌》（其一）中還向明月直接發出了呼喚：

永結無情遊，相期邈雲漢。

意思是說，明月啊，請不要離開我。我在人世間沒有知心的朋友，十分孤獨，讓我們結成永生永世的朋友，將我帶到渺遠的天國去享受永久的歡樂吧。這雖然是醉後的幻想，卻是與明月交心談心，向明月傾訴自己的失敗與孤獨。

飲酒的功效

花間一壺酒，獨酌無相親。
舉杯邀明月，對影成三人。
月既不解飲，影徒隨我身。

——李白《月下獨酌》

抽刀斷水水更流，舉杯消愁愁更愁。
人生在世不稱意，明朝散髮弄扁舟。

——李白《宣州謝朓樓餞別校書叔雲》

酒以成事

飲酒誤事，是無人不知的事實；如果要說飲酒也能成事，甚至成大事，怕還有人不大相信。可是歷史上這樣的人和這樣的事，卻是屢見不鮮的。

借酒斷獄

漢代的于定國，獄吏出身，精於法律，宣帝時任廷尉。這廷尉就相當於現今的最高法院院長，專管審案斷獄。照說這個工作不宜於喝酒，特別是斷獄的時候更不能喝酒，要是因酒而斷錯了案子不是小事。可是于定國偏偏要在斷案時喝酒，而且酒量大得驚人，一飲就是數石。可是奇蹟出現了，他的酒愈喝得多，他斷獄愈是審愼、公正、廉明，特別同情鰥寡孤獨。所以當時有民諺說：「于定國爲廷尉，民自以不冤。」後來還因此當了丞相，封了侯。這不就是因酒成大事嗎？

借酒成書畫

在我國歷史上書畫家因酒而成名作的事可就多了。

就說李白同時代的草聖張旭，他每次喝醉了酒就想寫字，呼號狂走，索筆揮灑，而且常常脫了帽，以頭髮蘸墨，在紙上大寫特寫。寫出的字變化莫測，若有神助。連張旭本人酒醒過後，看著自己的作品，也覺得神妙異常。所以天下人都叫他張癲。杜甫《飲中八仙歌》就是這樣寫張旭的：

張旭三杯草聖傳，脫帽露頂王公前，揮毫落紙如雲煙。

畫家作畫憑酒力的事更是普遍。唐代吳道子「每欲揮毫，必先酣飲」爲大家熟知。有的畫家，如果在他清醒時請他畫幅畫，可比登天還難，給他多少錢也無濟於事，可只要設法將他灌醉，那就垂手可得。明代畫家唐寅，就有時諺說他：「欲得伯虎畫一幅，須費蘭陵酒千鍾。」清代畫家鄭板橋也曾自解自嘲地說：「看月不妨人去盡，對花只恨酒來遲。笑他縑素求書輩，又要先生爛醉時。」

更有一個宋代畫家畫虎時的怪誕舉動，可以比得上張旭以頭寫字。這個畫家名叫包鼎，據說他畫虎以前，先將畫室打掃乾淨，緊閉門窗，僅留一門洞透光。再喝下一斗酒，脫去衣服，趴在地上，模仿老虎的起身、卧下、走路、反顧等等動作，直到自己眞像一隻老虎，然後再飲一斗酒，索筆揮灑，一隻老虎就這樣活靈活現在紙上。

借酒成文

因酒成文的事在唐代就有不少。

唐初有個名爲胡楚賓的文人，因文思敏捷，待詔翰林。但每寫文章，都必須在酒喝到半酣時才操筆，所作無不精妙絕倫。唐高宗鑒於他這種習慣，每次叫他作文，必定用金杯或銀杯盛酒給他喝，待文章寫好，就將這些金銀杯盞賜給他。

可是他得到的這些賞賜，又全部用作酒資，不留一點積蓄。待錢一旦用完，又去翰林院待詔。得到賞賜又出來喝酒。

然而他性格謹慎，從不洩露宮禁中的事，再怎麼醉，人家一問到宮內事，他或是閉口不答，或以他事岔開。

可見酒力在他身上，只成事，不敗事，彷彿酒也講義氣，講原則。就因爲這樣，此酒徒還做到右史和崇賢直學士這等清貴的官。

還有中唐時代的皇甫湜，那是韓愈的得意學生，寫了一手好文章。他曾在東都洛陽留守裴度那裡當判官。裴度曾是一代名相，影響很大，任留守後即在洛陽建了一座福先寺。完工後立碑，需請人寫碑文。

這樣的碑文，一般說是要請名家寫的，裴度正準備派人到長安去請他的好朋友白居易代勞。可是皇甫湜聽了非常惱火，當即對裴度發脾氣說：「寫碑文這點事，你捨棄近在身邊的我，而去請遠在長安的白居易，太小看人了。請允許就此辭官。」

裴度也覺得有點不安，拂了皇甫湜的面子，於是在道歉後，立即改請皇甫湜寫。皇甫湜當即要了一斗酒，酒酣耳熱後，即援筆一揮。

裴度看了覺得確實寫得不錯，非常高興，便贈了他車馬繒綵等物品。不料皇甫湜又大怒道：「我自從爲顧況的文集作序後，從未輕易給別人寫文章。我的文章是有價的，今天寫的碑文共三千字，每字三匹縑，你這點東西能打發我嗎？」

裴度是做過宰相的人，宰相肚裡是能撐船的，對於這樣的狂狷之士當然不以爲意，只是笑笑說：「眞是一個不羈之才！」便按皇甫湜的要求，如數付給他報酬。

要知道皇甫湜所得到這一筆相當驚人的稿酬，就是一斗酒為他出的力。

酒以成詩

酒以成詩，用不著說他人如何如何，僅李白的斗酒詩百篇就足以說明一切。

斗酒百篇

且不說李白平日裡作詩離不開酒，就是在天子面前作詩，也是在醉後寫成的。

更特別的，別人借酒力寫詩作文，或寫字作畫，往往是在事前有意飲酒助興，激發靈感，就像宋代詩評家唐庚說的「溫酒澆祐腸，戢戢生小詩」。而李白卻往往是在事前並不知道要寫詩，而是在已經喝得爛醉如泥的狀態下應命而作的。可同樣寫得風流蘊藉，風神絕世。像有名的《宮中行樂詞》十首與《清平調詞》三首，就是在醉得不能站立，須由人扶持的情況下接受的任務，當著玄宗的面，揮灑立就的。這自然又比一般借酒助興的詩人更高一籌了。

這些都已在《從政篇》述及，這裡不再重複了。下面不妨來談論一個與此相關的新鮮問題：李白斗酒詩百篇的靈感是怎麼來的？

靈感何來

李白斗酒詩百篇，自然是酒刺激了李白寫詩靈感的結果。然而李白的靈感是怎麼冒出來的？究竟是酒誘發了李白的靈感呢？還是酒恢復了李白的靈感呢？

這「誘發」與「恢復」有什麼區別呢？

「誘發」是說，一個詩人本無寫詩的興趣和感觸，傾酒下肚後，大腦皮質受到刺激，人的思維和情緒進入亢奮狀態，平時沉積在頭腦中的各方面信息和藝術經驗，一下子被調動了起來，從而催發了靈感，詩如泉湧。

「恢復」是說，一個詩人原本才思橫溢，詩興長駐，一觸即發，由於長時間的大量飲酒，腦神經的元細胞膜逐漸硬化，反應逐漸變得遲鈍，詩思慢慢枯澀，這就是慢性酒精中毒。需要再度飲酒，憑著酒精的刺激，腦細胞膜才能軟化，恢復原有的敏捷思維功能，詩思才能繼續如泉水般湧出。酒性一旦過去，就痲木如初，詩的泉眼就被堵塞。如要再寫詩，就需再度喝酒。

一般說，酒量之大，不狂飲、暴飲的詩人，不可能有慢性酒精中毒，他們酒後寫出好詩，自然屬於誘發型。像宋代蘇軾，說自己與酒的關係是：「天下之不能飲，無在予下者」，「天下之好飲，亦無在予上者」。也就是說，他是個酒量最小，而又最愛喝酒的人。這樣的詩人，一喝上幾口，靈感就不請自到，一句接一句，一首接一首的詩就從筆端溜了出來，不可收拾。所以蘇軾總結經驗說：「俯仰各有態，得酒詩自成。」意思是說，大千世界，處處千姿百態，詩情畫意，何處不在?只要有酒的催發，詩就自然成了。爲此他把酒叫做「釣詩鈎」。蘇軾又是個經常喝酒的人，這釣詩鈎就是經常放出的，所以隨時都有詩被釣了出來。蘇軾的詩不僅質量高，產量也多，原因也就在此。

酒恢復靈感

李白恐怕就要屬於「恢復型」的了。他是「謫仙人」，才思、詩興自然要高於常人數倍，乃至數十倍。可是他狂飲、濫飲，「三百六十日，日日醉如泥」，這自然會造成慢性酒精中毒，而變得反應遲鈍，靈感不靈，必須借酒力恢復原有的才思與詩興，所以只要是在醉中，他的筆就不僅僅能生花，簡直就是一根魔棍，不論是有準備，還是無準備；是宿構，還是即興，只要筆一落紙，就會有驚風雨、泣鬼神的詩出來。

有人說，當李白醉了的時候，就是他最清醒的時候；當他清醒的時候，就是他最糊塗的時候。此話不無道理，原因也就在此。

這裡只議及李白，至於他人的因酒成詩、成文、成字、成畫、成功，是酒的誘發作用，還是恢復作用，因離題較遠，恕未議及。讀者如果有興趣，不妨自議自決。

酒以助狂

李白醉後，不僅助了他的詩興，更添了他的狂放與傲氣。這一點李白的詩友杜甫早就發現了，所以在《飲中八仙歌》的時候，特別對這一點，作了漫畫式的誇張，說他：「長安市上酒家眠，天子呼來不上船，自稱臣是酒中仙。」

天子呼來不上船

作爲翰林院的一個待詔，成天泡在長安街上的酒店裡，醉了就躺在酒壚邊，連天子派人來接他回宮，陪皇帝老兒遊池苑，聽歌舞，寫詩作文，他都不大願意，口中還念念有詞地說自己是酒中神仙，人間帝王的呼喚似乎可以不聽從。別人扶他上船，他還很不耐煩，老大不高興。

如此桀驁不馴，狂放不羈，連帝王的召見都愛理不理，等同兒戲，膽子是夠大的了。所以有人解釋說，「不上船」者，乃「不能上船也」，意即醉得如一堆軟泥，腳不聽使喚，須有人架著上船。這種解釋用於常人自是可以的，用在李白身上就有點不切實際了。

其實李白的聰明、傲慢與狂放，在酒後表現得最爲充分。他的醉酒是人人皆知的，至於醉到什麼程度，是眞醉，還是假醉，則只有他心裡明白。他正可以利用這一點，借酒裝瘋賣傻，做一點平時想做卻不敢做的事，說一點平時想說卻不敢說的話，或洩憤、或罵世、或抗爭，使心裡輕鬆一點，愉快一點。

由於人人都知道他是有名的酒徒，所以常常對他醉後的言行，不以爲意，即使有點出格，或解犯忌諱，也會原諒他，甚至反以爲天眞可愛；即使有人受到了他的傷害，也只能銜恨在心，不好發作，就像讓高力士脫靴一類。

這「天子呼來不上船」，自也是酒後狂放之舉，如果眞的醉到說胡話的地步，那他在天子面前所寫的既得體又動聽的詩，難道是另外一個腦子構思出來的？

蘇軾的《李太白碑陰記》劈頭一句就是「李太白，狂士也。」並說他「戲萬乘若僚友，視儔列如草芥」。李白之所以能狂得起來，酒著實爲他助了一臂之力。

捶碎黃鶴樓

李白長流夜郎遇赦後，曾在江湘間遊歷了很長一段時間，與親朋好友、地方官員，交往甚密。上元元年（七六〇）春天，在江夏與南陵縣令韋冰相還。他與韋是老朋友，安史之亂起，韋在隴右張掖做官，李白卻長流到了三巴，彼此失去音信，不料忽然在此地相遇，這使李白驚喜異常，免不了開懷痛飲，暢叙情懷。醉後有詩相贈，即《江夏贈韋南陵冰》。詩的末尾寫道：

> 人悶還心悶，苦辛長苦辛。愁來飲酒二千石，寒灰重暖生陽春。

* * *

我且為君搥碎黃鶴樓，君亦為吾倒卻鸚鵡洲。赤壁爭雄如夢裡，且須歌舞寬離憂

其中最精彩的就是「我且爲君捶碎黃鶴樓，君亦爲吾倒卻鸚鵡洲」二句了。這顯然是這些年來，他幾經挫折，愁悶鬱結，無處發洩，今日見了老朋友，酒傾千鍾之後，平日忍隱、壓抑的狂傲、放誕之情，像火山爆發一樣洩放了出來，才說出如此動氣的話。說自己快要被如山如海的愁怨煩憂憋死了，恨不得捶碎這黃鶴樓，踢翻這鸚鵡洲，將眼前的一切砸它個稀巴爛，才解我心頭之恨。

這樣狂放的感情與詩句，只有在李白酒酣之時才可能產生，這也眞夠得上後來一個遊方僧的評語：

有意氣時消意氣，不風流處也風流。

由於這兩句詩的驚人，免不了引起人們的揣摩與評議。當時有一個姓丁的文學青年，大概不懂得假設與誇張等藝術手法，便以爲李白眞的想要捶碎黃鶴樓，

便寫詩譏刺李白近乎瘋狂，無可救藥。對於這個小青年的無知之詞，李白本可以一笑了之。大概也是在醉後見到這青年的詩，也就乘興戲答了一首，題爲《醉後答丁十八以詩譏予搥碎黃鶴樓》。詩云：

黃鶴高樓已搥碎，黃鶴仙人無所依。黃鶴上天訴玉帝，卻放黃鶴江南歸。神明太守再雕飾，新圖粉壁還芳菲。一州笑我為狂客，少年往往來相譏。君平簾下誰家子，云是遼東丁令威。作詩調我驚逸興，白雲繞筆窗前飛。待取明朝酒醒罷，與君爛漫尋春暉。

詩中說，黃鶴樓確實爲我搥碎，黃鶴仙人便無落足之所，於是向天帝訴苦。天帝便派仙人下凡，重建了黃鶴樓，恢復了往日的面貌。你這個學道少年丁十八，居然寫詩譏笑我將黃鶴樓搥碎。算你還有眼力，能看到我的豪氣與魔力，待我明天早晨酒醒過後，攜你到浪漫的春光中去尋找詩興。

詩是依著這位丁姓青年的原意，與他逗趣，狂放中帶著幽默，批評中含著善意，出言詼諧，涉筆成趣，顯示出一種大家風範與名士氣派。

酒以解憂

酒的效用非常多，政治上用得著，禮儀上用得著，交際上用得著，大小喜慶用得著，治病強身也用得著。這些都可以在《酒經》、《酒史》一類著作中找到生動的例子，而另外一種特別效用消憂解愁，卻很少能在這類著作中找到根據，就是現在關於酒的廣告中，也絕對找不到。

酒消萬古愁

然而古往今來的文人墨客，對此卻大爲渲染，不僅寫入詩文，而且付諸實踐，動不動就高喊「何以解憂，唯有杜康」。

李白一生坎坷，憂愁特多，又愛飲酒，自然也特別強調酒的這種效用，而且當作一條喝酒的重要理由。看他說的：

窮愁千萬端，美酒三百杯。
愁多酒雖少，酒傾愁不來。

所以知酒聖，酒酣心自開。

* * *

五花馬，千金裘；
呼兒將出換美酒，
與爾同銷萬古愁。

酒之所以能夠澆愁，只是因為酒中所含的酒精，可以麻醉神經，使人目為之眩，心為之迷，肢體為之散亂，昏昏糊糊，連自己都不認得，哪裡還曉得有什麼憂愁。然而酒精的麻醉作用是有限的，酒醒過後，憂還是憂，愁還是愁，依然故我。所以後來戴名世在他的《醉鄉記》中，明明白白地指出了這一點：「夫憂之可以解者，非真憂。」真正的憂，酒是無能為力的。

酒不解真愁

其實體味出酒不解憂，不自戴名世始，自古以來，每一個酒徒的心裡都明白，只是誰也不願意說破而已，因為一旦說破，就少了一條高雅而有力的飲酒理由。一個人如果常有難忘的憂思，就表明他不是一個糊塗蟲，而是一個憂國憂民的仁人志士，需要以酒澆愁。這就不是一條普通的理由，而是一條能裝潢自己，美化自己的理由，所以一直沒有人公開讀破。

李白到底是一個天眞、直率的人，在他遇上眞正的憂愁的時候，還是說了眞話：酒是解不了憂的。不信請看：

金樽清酒斗十千，玉盤珍羞直萬錢。
停杯投箸不能食，拔劍四顧心茫然。

——《行路難》（其一）

如此昂貴的美酒與山珍海味放在一個酒徒面前，他居然停杯投箸，毫無興趣，那不說明他認識到再美再烈的酒，也是不能解除眞正的憂愁嗎？要不然，他早已「飲如長鯨吸百川」，喝個爛醉了。

再看：

棄我去者，昨日之日不可留；
亂我心者，今日之日多煩憂。
長風萬里送秋雁，對此可以酣高樓。

* * *

抽刀斷水水更流，舉杯消愁愁更愁。
人生在世不稱意，明朝散髮弄扁舟。

——《宣州謝朓樓餞別校書叔雲》

在這個餞別的酒宴上，李白如果懷的是一般的煩憂，此刻酣飲高樓，正可以一澆了之；可是他心中懷的是「人生在世不稱意」的眞憂，所以酒喝得再多，也無濟於事，反而愈喝愈愁。爲此他不能不老老實實地承認：「抽刀斷水水更流，舉杯消愁愁更愁。」要用酒來消愁，就像抽刀斷水那樣不可能。

看來酒的消愁功效的有無與大小，是因人而異，因時而異的。李白時而認爲有，時而認爲無，那就是憂愁的眞與假，多與少所產生不同效果。自然也不排除從抒發某種感情的需要，而裁定其有無的。

酒與仙的較量

鐘鼓饌玉不足貴，但願長醉不用醒。
古來聖賢皆寂寞。唯有飲者留其名。
功名富貴若長在，漢水也應西北流。

——李白

求仙不如飲酒

飲酒是李白的最大嗜好，不可一日無酒；學仙是李白的終生追求，常常做夢也在煉丹。如果問他，二者如不可得兼，只能選擇一項，該選擇什麼，他還是會選擇飲酒的，因爲他在詩中曾多次作過這樣的比較與選擇：

提壺莫辭貧，取酒會四鄰。
仙人殊恍惚，未若醉中真。

——《擬古》之三

聖賢既已飲，何必求神仙？
三盃通大道，一斗合自然。
當代不樂飲，虛名安用哉？
蟹螯即金液，糟丘是蓬萊。

——《月下獨酌》之二

且須飲美酒，乘月醉高台。

——《月下獨酌》之四

你看，他認為仙人的生活雖說是逍遙自在，可是誰也沒有見過，那是虛無縹緲。恍恍惚惚的東西，不如酒醉後親身感受到的那麼眞切自然，所以還是棄仙飲酒的好。飲酒時手中所持的蟹螯，就等於仙藥；那酒糟積成的山，便等於仙人所居的蓬萊山了。

這個選擇自然是明智的，實在的。依照李白醉後最清醒的說法，這一選擇無疑是在醉中作出的。看看這些詩句的出處，果然都是他的醉後之言。

為什麼棄仙從酒

說李白的這個選擇明智、實在，理由是相當充分的。

第一、飲酒是生活上的需要，屬於物質的；求仙是信仰上的追求，屬於精神的。一個人如果既能得到物質上的滿足，又能得到精神上的滿足，那就是完美的人生；如果只能得到一種滿足，那就是殘缺的人生。如果這滿足與殘缺可供選擇，也就是願意滿足什麼，殘缺什麼的話，一般的人自然會選擇物質上的滿足，因為物質是精神的基礎，皮之不存，毛之焉附？只有那種執著地追求某種特殊信仰的人，才可能選精神上的滿足。他們重精神，輕物質，甚至連生命都可以奉獻，還需要什麼物質呢？

李白求仙，自然也是一種執著的精神追求，但還沒有入魔，還沒有拒食人間煙火，也就是還沒有染上宗教的偏執狂，所以他仍要追求物質上的滿足；更重要的是他的求仙，並不看輕生命，相反倒是特別看重生命。求仙的目的，就是希求延長生命，貪戀享受。可是即世成仙又是虛無縹緲的，沒有希望的，所以寧可選擇實在的享受，不願選擇並不存在的享受，即使是那種並不存在的享受是那樣迷人。所以李白還是選擇了飲酒。

第二，酒是李白生活的第一需要，離開了酒，就會喉嚨發癢，口中流涎，頭腦不靈，四肢發僵，簡直不知道怎麼才能活下去。而酒又近在身邊，一斗萬錢的酒，雖不可常得，而普通的廉價酒，則是隨處都有的。而煉丹服藥之事，頗費精力、時間與錢財，不如酒來得容易。錢去酒來，醉鄉之門隨即向你敞開，多麼實實在在、痛痛快快的享受，還去求什麼仙，學什麼道。

第三，還有一個重要理由，就是求仙所追求的境界，同樣可以在醉鄉中得到。求仙者所渴望的那種不受時空限制，不受人爲約束的那種自由自在，於渾渾沌沌，無掛無礙的醉鄉中便可以享受到，無所不適，無所不宜。仙界就在酒中，醉鄉就是仙鄉，二而一，何必他求！

酒勝仙的意義

李白的一生是複雜的一生，在他的各種思想與習性之間有過互不相容的鬥爭。

在求仙與任俠之間有過鬥爭，結果是：「棄劍學丹砂。」求仙獲得勝利。

在求仙與功名之間更有過鬥爭，結果是：

名利徒煎熬，安得閑餘步。

終留赤玉舄，東上蓬萊路。

還是求仙取勝。

飲酒與任俠之間，也有過較量，結果是：

匣中盤劍裝鮨魚，閑在腰間未用渠。

且將換酒與君醉，醉歸托宿吳專諸。

寶劍換了酒喝，自然是酒得了勝利。

飲酒與功名的數量，時間最長，可謂持久戰，結果是：

鐘鼓饌玉不足貴，但願長醉不用醒。

古來聖賢皆寂寞，唯有飲者留其名。

* * *

功名富貴若長在，漢水也應西北流。

仍然是酒獲勝。

如此，求仙戰勝了任俠，也戰勝了功名；飲酒也戰勝了任俠，也戰勝了功名。那麼這求仙與飲酒的較量，就帶有決戰的性質了。最終勝利屬於酒，酒使李白從宗教的迷妄中清醒過來。

如此說來，在李白的一生的追求中，從不動搖，永勝不敗的，只有寫詩與飲酒了。李白的一生就是詩與酒的一生。李白爲酒與詩奉獻了一切，酒與詩也讓李白流芳百世。

李白死於酒

田家有美酒，落日與之傾。
醉罷弄歸月，遙欣稚子迎。

——《遊謝氏山亭》

捉月而死可疑

關於李白的死，曾流傳著一個美麗、悽愴而意味深長的傳說，那就是五代王定保編撰的《唐摭言》所載，說李白逝世前的一段時間，寄居在當塗縣令李陽冰那裡。有一天晚上，他穿著宮錦袍，獨遊采石江中，一邊賞月，一邊飲酒，傲然自得。

當喝得爛醉的時候，恍恍惚惚覺得天上的月亮掉進了江中，漂浮在水面，於是便俯身去把月亮捉撈上來，結果翻身落水，淹死在水中。

後人還在采石爲他建了一座捉月台。宋初詩人梅堯臣還爲此寫了一首詩：

采石月下逢謫仙，夜披錦袍坐釣船。
醉中愛月江底懸，以手弄月身翻然。
不應暴落飢蛟涎，便當騎鯨上青天。

這自然是傳說，然而編製者也自有他的用心。他們覺得李白一生追求光明，追求高潔，可是反陷身泥淖，不能自拔，這就像他一生愛月，反而為弄月而喪身一樣。如此這個故事就有一點象徵意義了，所以有的讀者寧願信其有，不願信其無。

再說李白當時窮愁潦倒，寄食友朋，精神上不堪忍受，已經崩潰，近於狂亂，此等荒唐之事不是不可能發生。這又為編製者提供了依據，也贏得了部分讀者的相信與同情。

所以這個傳說雖不可信，卻也體現了後人對李白的熱愛與崇拜。

染病而亡可信

李白在逝世前一年，即上元二年（七六一），還去參加太尉李光弼的東征，從軍途中不幸病倒，留住金陵。由於沒有經濟來源，金陵不能長住，待病稍有好轉，即去投靠他的從叔李陽冰。李陽冰當時任當塗縣令，李白便到了當塗。約莫在當塗待了一年多一點的時間，舊病發作，溘然長逝。

李白那時犯的什麼病，史無明載，但晚唐皮日休的《李翰林》（《七愛詩》

之一）一詩中有這樣兩句：

竟遭腐脅疾，醉魄歸八極。

這就是說李白犯的是腐脅疾。這腐脅疾是什麼病，不能明確判定。但《晉書》中有這麼一條記載，說周顗與一北方來客對飲，共飲了二石，各大醉。後來周顗醒來無恙，北方來客卻再也沒有醒來，「已腐脅而死」。說明這腐脅疾與喝酒大有關係。

據郭沫若判斷，所謂腐脅疾，就是膿胸病，也就是胸膜炎，即在肺部與胸壁之間積膿。如果病情得不到控制，繼續惡化，就會腐蝕胸脅，向體外穿孔。李白大概就死於這膿胸穿孔。

酒是元凶

據郭氏說，膿胸症的病源有種種，酒精中毒是其中之一，而病情的惡化，飲酒就是元凶，看來李白與此病就有不解之緣了。無節制的飲酒，使他得了此病，在追隨李光弼東征途中病倒，就是此病的急性發作；如果在病情稍有好轉後不再飲酒，也許可能不會發展到穿孔的地步，可是他仍無節制地飲酒。請看他這一段時間寫的詩，幾乎無處沒有酒：

而我謝明主，銜哀投夜郎。
歸家酒債多，門客粲成行。
高談滿四座，一日傾千觴。

——《贈劉都使》

君家有酒我何愁？客多樂酣秉燭遊。

——《對雪醉後贈王歷陽》

昔日繡衣何足榮，今宵貰酒與君傾。
暫就東山賒月色，酣歌一夜送泉明。

——《送韓侍御之廣德》

田家有美酒，落日與之傾。

醉罷弄歸月，遙欣稚子迎。

——《遊謝氏山亭》

你看他到了「正值傾家無酒錢」的時候，仍是那樣嗜酒如命，只要弄到酒，賒也好，混也好，打秋風吃白食也好，都無所謂了。對他的病來說，無疑是雪上加霜。不知道是他不懂得這個衛生常識呢，還是積習難改，只得破罐子破摔，聽天由命呢？

總之，李白因病而亡是無疑的；其病由飲酒而引起，由飲酒而惡化，也是無疑的。李白眞可以說是生於酒也死於酒了。

有了酒，就有了李白，也就有了李白的詩；有了酒，也就有了病，也就要了李白的命。這酒究竟是福，是禍？是喜，是悲？是幸，還是不幸？誰能作出絕然的回答？

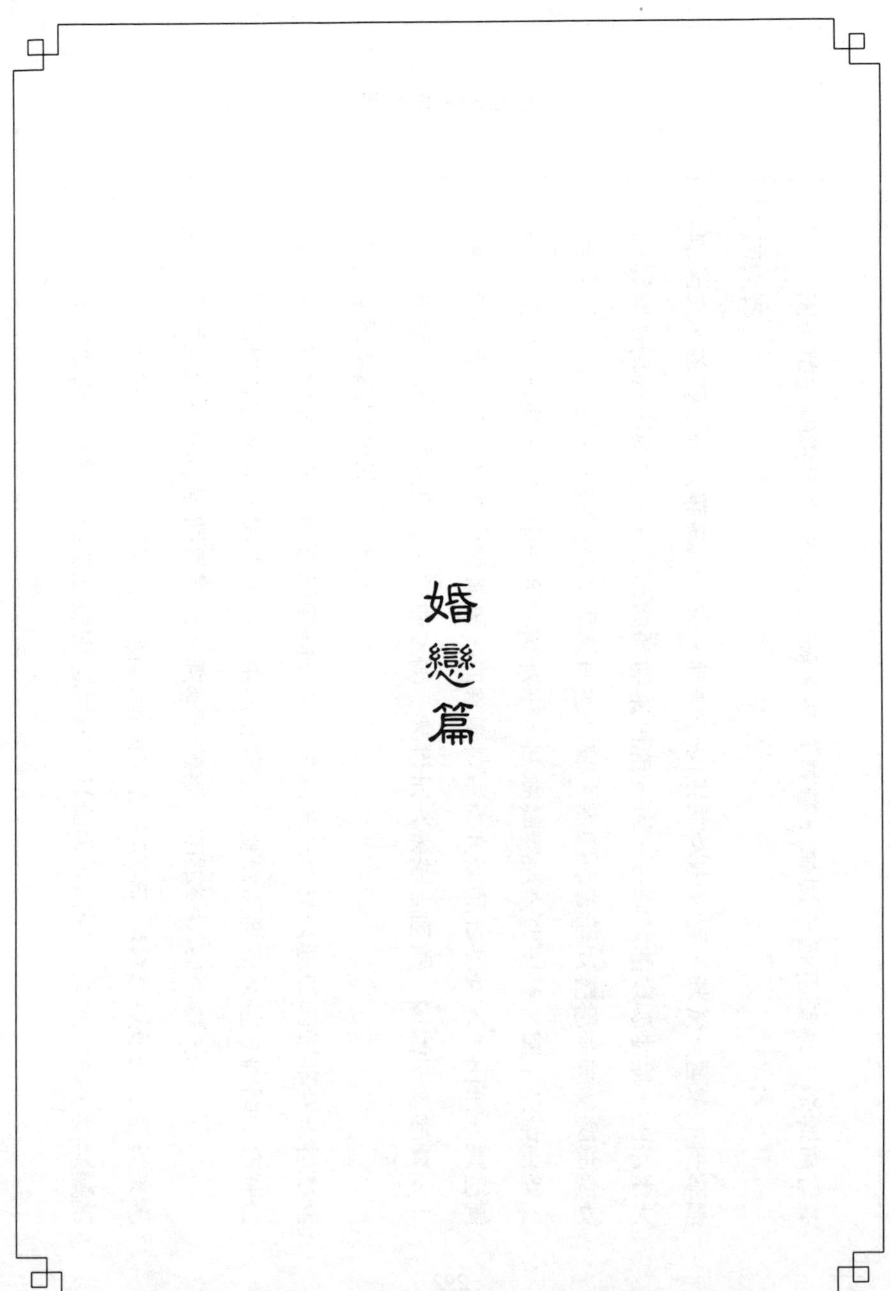

婚戀篇

王安石曾說過對李白極不恭敬的話：「太白詩詞迅快，無疏脫處，然其識污下，十句九句言婦人、酒耳。」他曾選過李白、杜甫、韓愈、歐陽修四大家的詩，按時間順序應將李詩置於前，就爲了這個，他將李詩放在最末。

這位在政治改革上叱咤風雲，在文學創作上卓有成就的人物，竟容不得李白寫女人，也眞是怪事。不過說怪也不怪，這是王安石本人用自己對待女人的嚴肅與冷淡的態度來要求李白的。

傳說王安石人到中年，尚無兒息，他的夫人未經他同意，便私下爲他買下一妾。此妾旣是作爲生育工具買來，自然應該是有生育能力的女人，王夫人買的就是一個已是人婦，且有子女的年輕女子。可是當此妾來到王家，第一次在王安石面前出現的時候，他還以爲是新雇來的女僕，便好心地問及她的身世。當這個女子訴到家有丈夫與兒女，由於貧窮無法生活下去，才賣與相公爲妾時，王安石大爲惱火，將他的夫人痛罵了一頓，並責令立即將女子送回，與家人團聚，不得要回錢財。

王安石的這種對待女性的態度，可以算得上是政治家的矯情，宗教徒的持戒，道德家的潔身之癖。以這種標準與原則來衡量李白的詩歌，自然會得出識見卑污的評價。

其實李白對待婚姻、愛情與冶遊的態度，及其經歷過的悲歡苦樂，都充分體驗了一個浪漫主義詩人特有的人生觀、道德觀、及其鮮活的個性。遠非王安石的偏見所能貶損，也不是用風流浪漫幾個字就能概括。

第一次婚姻

故知大丈夫必有四方之志，乃仗劍去國，辭親遠遊，南窮蒼梧，東涉溟海。見鄉人相如大誇雲夢之事，云楚有七澤，遂來觀焉。而許相公家見招，妻以孫女，便憩跡於此，至移三霜焉。

——李白《上安州裴長史書》

入贅相門

李白自出川以來，爲求前程，處處求人推薦，尋找門路；儘管耗費巨資，可就是一無所獲。根據別人的指點和自身的體驗，他似乎悟出了一個失敗的原因，那就是自己沒有靠山，毫無依憑，所以不得其門而入。

正在一籌莫展的時候，一個時任江都縣丞，人稱孟少府的朋友，找上門來，要給他介紹一門婚事。

女方出身名門，家住安州（今湖北安陸市）。祖父許圉師是高宗時的宰相，父親在中宗時任過員外郎，人稱許員外。這位許員外膝下無子，只生得一女，視爲掌上明珠，只因爲擇婿條件苛刻，還想要對方入贅，爲此已是二十六幾，尙待字閨中。

這位孟少府與許家是世交，自然要爲許家招婿出力，可苦無合適人選。自認識李白以後，就覺得踏破鐵鞋無覓處的人選，就在自己面前。無論是人品，還是才學，都是最理想的。尤其是李白隻身出蜀，遠離雙親，家庭觀念淡薄這一點，正是許家夢寐以求的，於是極力勸說李白前往安州應徵此門婚事。

李白對此卻犯難了，按說個人的功名尚未沾邊，就去營造家庭這個安樂窩，實在不是一個有意氣有抱負的大丈夫應該的。可是現實就是如此無情，如果沒有依憑，即使才華出衆，功名也會與你無緣；如果有了依憑，即使才能不足，功名也會降落到你的頭上。這依憑就是社會背景、人際關係。這一切，李白的父母沒有給他提供，他們與官場沒有一些瓜葛，這可謂先天不足；他自己又不願走科舉的道路，師生、同學之間的一層網絡也不存在，這可謂後天失調。如果能與相門之女結合，就可以憑藉相門的關係改變這種狀況，說不定還可以藉此躋身仕途。

一般的有志之士，總認爲功業未立，不應成家。看來在李白身上，恐怕要將立業與成家的關係顚倒過來了，不成家，何以立業？經過一番考慮之後，李白便答應了這門親事。

至於做上門女婿是否會掉身價的問題，李白自然是不會受世俗之見的束縛，不在考慮之列，倒會覺得老家在西蜀，往返不便，能在荊楚大地有這麼一個大本營，倒是一種方便，甚至是幸運。

於前程無補

由此可以看出，李白的這一次婚姻，主要是從自己的出路與前程上考慮的。不過，這許氏夫人，倒也溫順賢淑，陪李白讀了幾年書，給李白生了一對可愛的兒女，大的女兒，叫平陽；小的是男孩，叫伯禽。一個安樂窩，就這樣沒有花什麼氣力，輕而易舉地構築成功了。這不能不說是入贅的好處，因為這是構築在許家這棵大樹上的，很多事情是別人代勞的。

再說，許氏的父親許員外也為自己的女婿找了不少進身的門路，很想利用其父親在本地的影響，為李白撈個一官半職的。像安州的裴長史，荊州刺史並山南東道採訪史韓朝宗等，都可能是由這位岳丈大人牽的線，李白曾拜見過他們，與他們有過接觸與周旋。

只是由於李白的年輕自負，恃才傲物，甚至有點浮躁，使得這些地方官員對這位外來的上門女婿，並不怎麼重視，有時免不了還要給他一點小鞋穿。就在他的《上安州李長史書》與《上安州裴長史書》中，就分別說到當地官員對他另眼相看，甚至不惜製造謠言，對他進行毀謗。從信中的語氣看來，事情還鬧得不小。比如他對裴長史說：

若赫然作威，加以大怒，不許門下，逐之長途，白即膝行於前，再拜而去，西入秦海，一觀國風，永辭君侯，黃鵠舉矣。何王公大人之門，不可以彈長劍乎？

弄到如此劍拔弩張的地步，李白要在安州這塊地方發跡，看來是無論如何辦不到的，只得遠走高飛找出路了，於是南下江湘，「西入秦海」，有了第一次長安之行。

這樣原先想藉許家作爲求仕的階梯的打算，也就落空了。

許氏早逝

許氏夫人的身體，一向都不太好，經過這生兒育女的磨難，更是虛弱。加之李白又長年漂遊在外，連人都很難見到，更不要說有什麼體貼照顧了，許氏的精神負擔，也就隨之加重。沒有幾年，她也就撇下一雙兒女辭世了。逝世時，李白在不在身邊也未可知。這樁婚姻也就過早地結束了。

李白對於許氏的早逝，不能說不難過，但不感到十分悲傷卻是事實。他的上千首作品中，就從未有過傷悼許氏的詩文；不說整篇，就連片言隻語也未發現，這不足以說明問題嗎？

這大概與他曠達的處世態度分不開。據說莊子的妻子死了，莊子不僅不哭，反而鼓盆而歌。人家問他爲什麼這麼絕情，他卻說生與死沒有什麼區別，哀與樂是二而一的東西，所以鼓盆而歌，既是相弔，也是相賀。李白自然沒有莊子這樣達觀，但也有相通之處。在李白看來，天地不過是萬物的旅舍，每個人都是這旅舍裡的過客。夫妻也不過是過客中的攜手而行者，一對夫妻或彼此分手，或消失一個，是很正常的事。人的一生就如夢幻一般虛浮而短暫，能有多少歡樂的時刻，哪能爲失去伴侶而憂傷不已，痛苦萬分呢？如果需要，再結一個新夥伴不就可以頂替嗎？

不過無庸諱言，這也跟李白長期漂泊在外，不以家室爲念，以致夫妻感情逐漸疏遠、淡漠有關，且看他對子女的顧念，就頗費了一些筆墨。如：

嬌女字平陽，折花倚桃邊。折花不見我，淚下如流泉。小兒名伯禽，與姐亦齊肩。雙行桃樹下，撫背復誰憐？念此失次第，肝腸日憂煎。

——《寄東魯二稚子》

對兩個失去母親的孩子是如此哀憐，可是對他們的亡母，自己的亡妻，卻沒有順著這母子關係而發一兩句傷悼之詞，這不分明是對許氏的一種淡漠嗎？

第二次婚姻

白始娶於許，生一女一男，曰明月奴，女既嫁而卒。又合於劉，劉訣。次合於魯一婦人，生子曰頗黎。終娶於宗。

——魏顥《李翰林集序》

魏顥是與李白同時代的人，並不遠千里追隨李白，與李白是師友關係，說的話應該是可靠的。依他所說，李白共結過四次婚。第一次與第四次，是經過愼重選擇的，歷時較長，可以稱得上是眞正的婚姻；中間兩次都是短暫苟合的婚姻。其與劉氏的結合與訣劉，就是這裡要說第二次婚姻。

會稽愚婦

這劉氏，據郭沫若考證，她是會稽人，是李白在許氏死後，再遊江東時，與她相遇並結合，最初可能是她看上了李白那飄逸的風度與曠世才華。可是結婚後，看到李白好遊歷，終年奔波在外，不以家室爲念，便不耐煩。尤其使她難以忍受的，是李白不能給她提供豐厚的物質享受。沒有多久，便生怨言，繼而反唇相稽，乃至破口大罵。這就有點像漢代朱買臣的妻子嫌棄貧窮時的朱買臣一樣了。恰好朱買臣及其妻子也是會稽人，李白就稱這劉氏爲「會稽愚婦」。

看來這會稽婦，還不如朱買臣的妻子。朱買臣的妻子，雖然嫌丈夫家貧，以及那副一邊桃柴一邊念書的酸腐模樣，究竟還跟丈夫生活了數十年，丈夫賣柴，還曾負擔相隨。直到朱買臣四十多歲才離開他，另外嫁人。可這位會稽婦，一不如意就翻臉，而且巧舌如簧，向李白的一切熟人播弄是非，說李白的壞話。李白為此還寫有《雪讒詩贈友人》，向朋友揭露這個會稽婦的嘴臉，洗雪讒言，說明眞相：

彼婦人之猖狂，不如鵲之彊彊。
彼婦人之淫昏，不如鶉之奔奔。
坦蕩君子，無悅簧言。

這幾句詩，前人看作是罵楊貴妃的，那完全是臆解。言詞如此激烈，態度如此鮮明，李白當年膽子再大，也不敢如此肆無忌憚。不說李白生活在一千多年前，就是生活在現代，也不敢如此謾罵一個國家元首的夫人，所以只能是謾罵這位會稽愚婦。

毫不寬恕

李白一生不服低，連王侯將相都常常不放在眼裡，哪能受這種女子的羞辱，這樁婚事很快就以離異告終。

說來也怪，李白剛剛擺脫這個會稽愚婦的胡攪蠻纏，幸運就向他走來，那就是天寶元年玄宗召他入京。就在奉詔進京的無限喜悅中，也還沒有忘記給這位會稽婦來一點報復。像在《南陵別兒童入京》一詩中，就「回敬」道：

> 會稽愚婦輕買臣，余亦辭家西入秦。
> 仰天大笑出門去，我輩豈是蓬蒿人。

意思是說，你這個蠢笨的女人，總是輕賤我貧窮，如今我也像當年的朱買臣一樣，要離家到長安去了。我豈是長期棲身草野的人，榮華富貴指日可待了。

如此與一個女人鬥嘴，似乎缺乏一點男子氣概，缺乏一點紳士風度，但也說明這個女人讓他吃盡了苦頭，才使他如此恨之入骨。

話說回來，此次婚姻的失敗，李白本人不能辭其咎。李白行事是不受社會習俗和道德規範約束的，在婚姻上同樣如此。在許氏死後，他一方面為失去了一個家而惋惜，同時也覺得像掙脫了什麼羈絆似的，自有一種輕鬆感。為此他更加頻繁地、毫無顧忌地與別的女性接觸。在當時，能夠與男子自由交往的女子，不會是養在深閨人未識的大家閨秀，而是掙脫家庭牢籠，憑自己的姿色與技藝闖蕩江湖的女子。李白喜歡的也就是這些不同一般的帶點野性的女子，出於一時的興趣與衝動，便與這類人物中的會稽女子結了婚。

婚姻自由，在古代確實不容易，李白居然做到了，確實可貴。可是選擇不當，失之輕率，也就陷入另一種牢籠。李白的這次婚姻就是如此。

第三次婚姻

長相思，在長安。絡緯秋啼金井闌，微霜淒淒簟色寒。孤燈不明思欲絕，卷帷望月空長嘆。美人如花隔雲端。上有青冥之高天，下有淥水之波瀾。天長路遠魂飛苦，夢魂不到關山難。長相思，摧心肝。

——李白《長相思》

實有其事

據魏顥說，李白與會稽婦離異後，又與魯地一女子結婚，而生了一個兒子叫頗黎，這就是李白的第三次結婚。由於這次婚姻的時間更短，使得這第三任夫人連姓名都沒有留下，只知道她是魯地人；她的兒子頗黎也不見下落，實在令人遺憾。

大概是由於要圓滿地解釋這次難以解釋的婚姻，郭沫若的《李白與杜甫》採取了全盤否定的說法，認爲這次婚姻根本不存在，是魏顥誤記。魏說的「無名氏的魯婦人可能是李白友人的眷屬（「竹溪六逸」中除李白外的任何一位），是李白拜託她來照拂自己的兒女的，被魏顥誤會爲李白的夫人了。」

對於魯婦人所生之子頗黎，郭氏同樣作了大膽的解釋：「所謂『生子曰頗黎』，其實就是伯禽。伯與頗，音相近。禽字由黎字的音推測，應該本作「离」。伯離即頗黎，被後人誤爲了伯禽。「伯禽」本是西周初年周公旦的長子魯公的名號，李白何至以古人的名字來名自己的幼兒？然伯禽一千多年來已誤爲伯禽，我們也只好將錯就錯了。」

一個對李白很熟悉的追隨者所說的一句明白準確、毫不含糊的一句話，由一千多年後的人作如此全盤否定，並不是絕對不可以，但必須有充分的證據。可是郭氏僅憑「可能」，「看來」等推測，實實在在不能服人。怎麼可以設想，魏顥會把李白朋友的妻子當作李白的妻子，並且寫進李白集子的序言中去呢？魏顥如果糊塗到這個程度，那就是一個白痴了，哪裡還能考中進士。

再說頗黎即伯禽，也非常牽強。魏文中明明白白寫著「許氏生一女一男，曰明月奴」，「魯婦人生子曰頗黎。」怎麼把兩個女人生的兩個兒子，合二爲一呢？能靠刪改原文來自圓其說嗎？

總之，李白的第三次婚姻是眞實存在的，出於任何原因否定它，都是不應該的。

荒唐的結合

此次婚姻的時間，大約是在「賜金還山」以後不久。

至今山東濟寧地區尙有故事流傳，說這個作爲李白第三任夫人的魯地婦人是一個酒店老闆的女兒，有的甘脆就說是酒店女老闆。這些都無法考實其是眞是假，但這位魯婦人與酒店有關是大致可以肯定的；聯繫到李白曾於任城（今山東濟寧市）建有酒樓，歷代題咏者不計其數，這樁婚事的媒人無疑就是酒。

那時李白剛從長安出來，到了東魯，一肚子的牢騷與怨氣，無處發洩，只有飲酒狂歌，醉臥酒樓。此時有酒家女老闆，或老闆女兒，施以體貼溫存，撫慰其心頭創傷，這也是合乎情理的事，這樁婚事或許就這樣順理成章地湊成了。

當李白的心頭創傷稍有好轉，情緒相對穩定，恢復了往日的精神狀態以後，就會發現這樁婚姻又是多麼的不合適。鑒於會稽女人給他的教訓，他生怕重蹈前次婚姻的覆轍。一想到這個，就有點不寒而慄。怎麼辦呢？當面賴帳，他做不出來；一走了之，就是唯一的選擇了。

看來這東魯女人是非常本分的，通情達理的。她不像會稽女人那麼勢利，刁鑽，有著北方男子的豪爽與大度。她自知是處於社會低層的勞動婦女，自然高攀不上這些自命不凡的文人墨客。於是她就會給李白傳話；我們既然合不來，那就分手，你走你的路，我開我的酒店。至於你從南方帶來的一雙兒女，願意留，就留在這裡，我不會讓他們挨餓；不願意留就帶走。這裡可以不當作你的家，你可以另外找人組建家庭，我自然也可以嫁人。至於我生的頗黎，你用不著擔心，我會撫育成人。你儘管可以不認這個兒子，將來他不一定就認你這個老子。我們的關係就此一刀兩斷，誰也不欠誰什麼，誰也不向誰要求什麼。

對此，李白還有什麼話說呢？所以在他的詩中文從未罵過這位妻子，也未稱讚過這位妻子，壓根兒就沒有提到她。

難以評說

我們現在對李白的這樁婚事能說些什麼呢？說他輕率，說他不負責任，自然都可以。然而都沒有說到他的痛處。

李白的浪漫，就在於以自我的需要作爲衡量一切事物的價值，對待婚姻也如此。他認爲只要雙方有這個需要就結合，沒有這個需要就分離。至於會產生什麼後果，會給自己帶來什麼影響，則大可不必去計較。此次婚姻，就完全出於需要酒來痲醉自己，需要女性來醫治自己滴血的心口。至於前一次婚姻的教訓，酒後哪能顧及；只有當他從酒壚邊醒過來以後，才發現不對頭。幸好他遇到的是一位善良的女子，後悔也還來得及，不曾惹出什麼痲煩，使他落得一身乾淨，像是根本沒有發生過這樣的事情一樣。

另外，還要在這裡說幾句介於題內與題外之間的話。

李白的從叔李華寫的《故翰林學士李君墓志》中說：李白「有子曰伯禽、天然，長能持，幼能辯。」這就是說李白有兩個兒子，大的伯禽，小的叫天然。大的老成持重，小的很有口才。這個小的天然是否就是魯婦人生的頗黎？自然難說，但並非沒有可能。

還有李白的《遊謝氏山亭》中有「醉罷弄歸月，遙欣稚子迎」之句，說的是自己在喝醉了酒回家的路上，很高興遠遠地看到小兒子前來迎接。這小兒子是否就是天然，就是魯婦所生的頗黎呢？從這種跡象表明，魯婦人生的頗黎並沒有完全與李白脫離關係，至少曾經與李白生活過一段時間。

第四次婚姻

燕草如碧絲，秦桑低綠枝。
當君懷歸日，是妾斷腸時。
春風不相識，何事入羅帷？

——李白《春思》

李白在長安的三年，雖然沒有實現自己的政治願望，弄得很不愉快，倒也出盡了風頭，使他「名動京師」，聲聞天下。這一點李白大概還不自覺，或者有所意識，卻無心去計較，只是爲失意而出的煩惱與憤懣所纏繞，一頭栽進了酒缸，栽進了酒店女老闆的懷抱。殊不知他在長安所展現的才華，所博得的名聲，以及高氣蓋世的狂傲態度，早已使天下士子折服，也曾使不少待價而沽的大齡名門閨秀所矚目。所以當李白從酒店女老闆的懷中掙脫，來到汴梁的時候，就有人介紹他跟前朝宰相宗楚客的孫女認識，一見面，彼此情投意合，相見恨晚，很快就結婚了。這就是李白的第四次婚姻。

志趣相投

說來也湊巧，李白的四次婚姻，首尾兩次都是與相門之女結合，且都是宰相的孫女。如果說前一次婚姻，李白是出於高攀門第，爲自己鋪平進身之路的考慮的話，這後一次則是出於志同道合，意趣相投。當然他也曾對他的妻弟說過這樣的話：

我非東床人，令姊忝齊眉。

意思是說，我本不是你家女婿的最好人選，你姐姐做了我的妻子，實是委屈。這裡自也有高攀之意，但主要還是謙虛之詞。

這位宗氏的祖父雖然在武后朝曾三次拜相，但最終還是捲入了皇家內部爭權奪利的鬥爭，結果招來了殺身之禍。鑒於這次重大的家庭變故，她對於政治，對於官場上的明爭暗鬥，似乎看得很透，所以在擇婿的問題上，她對一般的官宦子弟不感興趣，只著意於有才有識，別有懷抱的奇才高士，可到哪裡去找呢?所以她的妙齡年華就這樣在等待中消逝了。可是她仍然堅守寧缺勿濫的原則，無意於降格以求。直到天上掉下來一個李白，她才如願以償。

至於李白，由於有前兩次尷尬的婚姻作比，此次與宗氏的結合自然感到滿意，自謂擇婦得人。更使他高興的是這位夫人也好求仙學道。李白曾有詩寫道：

多君相門女，學道愛神仙。

＊　＊　＊

拙妻好乘鸞，嬌女愛飛鶴。
提攜訪神仙，從此煉金藥。

如此與這位夫人既可以評詩論文，又可以談仙論道，彼此心心相印，著著實實過了一段恩愛生活。

裂痕漸生

李白是一個嗜酒如命的人，與宗氏結婚以後並不因爲愛情的甜蜜，而放棄了醉鄉的溫柔，所以無時無刻不在醉中。他寫有《贈內》一詩，記下了這一事實：

三百六十日，日日醉如泥。
雖為李白婦，何異太常妻。

詩中用了一個歷史故事，意味深長。後漢的周澤，官任太常卿，掌管宗廟祭祀，天天要齋戒，以保潔淨。常常是生病也不回家，就卧病於齋宮。他的妻子曾來齋宮探望病情，他卻大發雷霆，並以干犯齋禁的罪名，將妻子投進監獄。當時人都說他古怪偏激，並編了幾句話諷刺他：「生世不諧，作太常妻。一歲三百六十日，三百五十九日齋。一日不齋醉如泥。」意即作他的妻子是活守寡，活受罪。

李白在這裡藉這個故事，說自己一年到頭只顧喝酒，冷落了妻子，就像漢代的周澤那樣不近人情了。這雖是夫妻間的調侃之詞，但醉後對宗氏的失禮與怠慢是免不了的。宗氏也是有獨立人格的人，不是可以隨便像奴僕那樣驅使的女子。家庭的和諧氣氛與夫妻感情就不能不因爲李白的醉酒而受到影響。

還有李白的遠遊，一去就是數月，乃至數年不歸，這也不能不影響到夫妻感情。就說他一遊秋浦就三年不回家。其實秋浦也不是能夠使他流連忘返的地方，相反，倒給他惹愁供恨。你看他的《秋浦歌》中所寫的：

秋浦長似秋，蕭條使人愁。
客愁不可度，行上東大樓。

＊　＊　＊

白髮三千丈，緣愁似個長。

不知明鏡裡，何處得秋霜。

可是當宗氏夫人寄信問其歸期的時期，他就是下不了決心回家。雖然也有詩寄回，表達他對宗氏的思念之情，但是對於感情豐富的宗氏來說，這幾首詩怎能撫慰她的「愴離各自居」的寂寞之心。正如李白的《自代內贈》爲妻子所想到的那樣：

妾似井底桃，開花向誰笑？

君如天上月，不肯一回照。

窺鏡不自識，別多憔悴深。

安得秦吉了，為人道寸心。

李白儘管已經窺探出他夫人獨守空閨的寂寞心情，可就是不願意回家。夫人將他看作天上月，他就是「不肯一回照」，仍然我行我素。這就不能不使宗氏夫人對他的感情的淡化，對這樁婚姻逐漸失去信心和興趣。她逐漸意識到，李白是一個偉大的詩人，是一個奇男子，可絕不是一個好丈夫。

患難出眞情

我們說過，在李白應征奔赴永王璘的水軍的時候，宗氏夫人曾極力勸阻，擔心會出意外；事情的發展，果然不出宗氏所料，李璘兵敗身死，李白身陷潯陽監獄。宗氏到底是相門之女，見過世面，此時她表現出特別的鎭靜，毅然擔負起營救李白的責任，並沒有因爲李白事前沒有聽她的勸告而埋怨，更沒有撒手不管。

她利用相門的種種社會關係，串親託友，奔走權門，不辭勞苦；同時頻頻探監，多方安慰，盡到了一個妻子應盡的責任。李白對此自然感激萬分，曾在監獄寫詩寄給妻子說：

聞難知慟哭，行啼入府中。多君同蔡琰，流淚請曹公。知登吳章嶺，昔與死無分。崎嶇行石道，外折入青雲。相見若悲嘆，哀聲那可聞。

詩的前四句是說，你一聽我落難便慟哭不已，急急忙忙，邊走邊哭地奔走於官府中，參拜權貴，救我出獄。你就像當年蔡琰爲營救他的丈夫，淚流滿面地向曹操求情一樣，怎能不使我感動萬分呢？

這裡將宗氏比蔡琰非常貼切。東漢末年大文學家蔡邕的女兒蔡琰，字文姬，身陷匈奴十餘年，後被曹操接回，嫁給屯田都尉董祀。後來董祀犯法當死，文姬去見曹操，請求赦免董祀。而且當著堂公卿、名士及遠方使者的面，蓬首徒行，叩頭謝罪，並當場申辯理由，音辭哀婉，使在座者無不改容。曹操聽後說：「你的情況實在値得同情，只是處決的文狀已經發出，事情無法挽回了。」文姬當即道：「您的馬廄裡有馬萬匹，身邊的猛士成林，何必愛惜一匹快馬，一個騎士呢？讓他們跑一趟不就追回成命，救人於刀斧之下嗎？」曹操爲文姬的話所感動，也就免了董祀的罪。宗氏此番在獄外爲李白奔走於官府與豪門之間，與蔡文姬當年營救董祀是非常相似的。

中間四句是說宗氏爲營救他而翻山越嶺，歷盡艱險的情狀，翻越吳章嶺時，幾乎丟了性命，那些崎嶇的石道直插雲天，一個女人要走這樣的路，是多麼艱難啊。這叫我怎能不感激，不後悔呢？當年我要是聽了你的話，不就可以使你免遭這些罪嗎？

最後兩句寫夫妻二人在獄中相見時的悲慘情景，眞是字字血，聲聲淚了。如此，在前幾年夫妻之間所產生的感情裂痕，經過這一次患難倒是彌縫了許多。所以李白在長流夜郎途中，不時寫詩懷想這位深明大義的賢內助：

夜郎天外怨離居，明月樓中音信疏。
北雁春歸看欲盡，南來不得豫章書。

——《南流夜郎寄內》

意思是說，自己被流放到遙遠得像天外之地的夜郎去了，這分離的愁怨就殘酷地纏住了你。你很難收到我的信，只能在明月樓中愁思嘆息。現在正是春回大地的時刻，對每一隻從南方來的鴻雁，我都仔細察看，也見不到有從豫章郡（今南昌市）傳來的書信。當時宗氏寓居豫章，也就是說得不到宗氏的書信。於此可見李白對宗氏的思念之情。

老來終分手

李白在遇赦以後，又精神大振，恢復了往日的流浪生活，不知疲倦地作天南地北之遊，可就是不願意回到家中，廝守在妻子身邊。以前說過的「何年是歸日，兩淚下孤舟」這些思歸的話，又不算數了。

夫作不倦遊

可見宗氏對李白的爲人並沒有看錯。李白從未將愛情看得很重要，只有在需要的時候，才想到家庭，想到妻子。別看他在流放前後，對宗氏如此感激涕零，一旦遇赦，獲得自由，又將宗氏拋向腦後了。

就宗氏說，在李白遇赦後，倒也感到非常輕鬆，大有如釋重負之感。平日裡她對於世事本已看穿，對李白的婚姻觀念，及其對自己的可有可無的態度也已看透，尤其是經過此次災難的考驗，更覺得這樁婚姻沒有繼續存在的價值。如果李白長年不歸，她還不便提出分手的問題。如果提出，即使不招來非議，自己良心上也過不去，怎能在丈夫的危難之時提出這個問題呢？這不是不合夫婦之義嗎？

這下好了，丈夫恢復了自由之身，此時分手，於己，於人，於李白都說得過去。

妻隱屛風疊

宗氏的所謂分手，當然既非改嫁，也非回娘家寡居，而是實現自己嚮往已久的遁隱深山學道的願望，徹底了卻塵緣。棲隱之地就選在廬山屛風疊。

她之所以要選擇屛風疊作爲修煉之所，原因有三：一是離她當時住地豫章（今南昌）很近，求其方便；二是她與李白曾於此地隱居避難，對它非常熟悉，有感情；三是此地早有女道士李騰空棲隱於此。李騰空也是相門之女，就是李林甫的女兒。她生於富貴而不慕富貴，別生心志，另有懷抱。尤其是當他父親列爲奸臣以後，更與世事絕緣，一心以丹藥、符籙救人疾苦。由於身世相同，氣味相投，宗氏對李騰空傾慕已久，此番尋依於她，自然是實現自己的夙願。

李白對此坦然置之，心中顯得非常平靜。不僅同意宗氏長期棲隱廬山，而且還寫詩相送、相賀。詩題爲《送內尋廬山女道士李騰空二首》。

其一云：

君尋騰空子，應到碧山家。
山春雲母碓，風掃石楠花。
若戀幽居好，相遊棄紫霞。

其二云：

多君相門女，學道愛神仙。
素手掬青靄，羅衣曳紫煙。
一往屏風疊，乘鸞著玉鞭。

詩中已見不到夫妻間的柔情蜜意，更見不到離別的眼淚，只是一味讚揚與羨慕其尋仙有所，學道有成，這就與一般的道友分別沒有什麼不同了。

悄然分手

李白是一個容易動感情的人，對即將分手的妻子如此無動於衷，足以說明他們的夫妻情分已盡。與其維護這名存實亡的婚姻，不如各走各的路，各遂其願，互不牽累。這也是他們二人的共同想法，所以能夠做到如此好合好散。

此時的宗氏，她覺得沒有對不起李白的地方，此刻分手，她感到心安理得。從此可以潛心學道，做自己願意做的事了，一種得到解脫的喜悅之情便油然而生。

此時的李白，也沒有太多的想法。他是最崇尚自由的。爲了自己的自由，他曾經給妻子帶來過很多不自由。這一次還妻子一個最大的自由，多少可以算作對妻子的一點回報吧。

李白自送宗氏去盧山學道後，曾經往來於金陵、宣城、歷陽（今安徽和縣）等地，後來又在當塗養病，一直到死。這些地方都離盧山不遠，可從來沒有見到他們有什麼來往。在此後李白所寫的詩中，再也見不到宗氏的影子。看來他們都有君子之風，說到做到，一說分手，就再也沒有見面。至於在黃泉之下見了面沒有，那就不是我們所能知的了。

婚外戀情

日色欲盡花含煙，月明如素愁不眠。趙瑟初停鳳凰柱，蜀琴欲奏鴛鴦絃。此曲有意無人傳，願隨春風寄燕然。憶君迢迢隔青天。昔時橫波目，今作流淚泉。不信妾斷腸，歸來看取明鏡前。

——李白《長相思》

妾髮初覆額，折花門前劇。郎騎竹馬來，繞床弄青梅。同居長干里，兩小無嫌猜。十四為君婦，羞顏未嘗開，低頭向暗壁，千喚不一回。十五始展眉，願同塵與灰。常存抱柱信，豈上望夫台。

——李白《長干行》

宋人陳藻寫有《讀李翰林集》一詩，對王安石批評李白詩十之八九離不開女人，提出反駁意見。詩云：

杜陵尊酒罕相逢，舉世誰堪入此公。
莫怪篇篇吟婦女，別無人物與形容。

詩意是說，李白是酒豪詩健的大手筆，值得他提筆寫入詩中的人物實在太少，自然只有將美麗如花，命薄如紙的女人加以描畫形容，以拋灑其同情之心了。

此說自有一定的道理，絕對不是對李白的曲意維護，但他說得不全面，更沒有說到要害。李白寫女人的詩，主要是表現了他在愛情、婚姻上的自主與自由意識，帶有較為濃厚的反傳統色彩。使王安石看不慣，忍不住要罵李白識見卑污的，也正是這一點。

從李白對待家庭，婚姻與婚外戀的態度看來，他是主張將婚姻與變愛分開的。家中妻子的職分，主要是生兒育女，持家守家。能生兒育女，傳宗接代這自然是大事；能持家守家，可以使自己有一個安樂窩，在雲遊四方感到倦怠之時，有一個休整調息，享受天倫之樂的地方，這自然是必不可少的。對李白來說，家的意義全在此。

至於愛情的有無，那不很重要，有當然好，沒有也不要緊。因爲色相之美，男女之欲，天下女子多得很，何必限於妻子一人。哪裡有女人，哪裡就可以醞釀、產生愛情。愛情的滋味，普天之下都是相同的。並不因爲產生於妻子身上的愛情，就比產生於其他女人身上的愛情溫柔甜蜜，有時候倒恰恰相反。所以愛情除了在妻子那裡取得外，隨時都可以在家庭之外得到補充，甚至完全可以用婚外的愛情取代妻子的愛情。

這自然是以男子爲中心的封建社會所產生的以損害女人的身心爲基礎的不平等的婚戀觀。李白從男子的本位出發，不僅完全接受了這種婚戀觀，而且付諸行動。結果是損害了妻子，損害了家庭，到頭來也損害了自己。

家庭觀念淡薄

基於這種婚戀觀，李白的家庭觀念是非常淡薄的，僅從這樣一個事實就可以看得出來，即他的家無論是安在哪裡，妻子無論是何人，他一離家出遊，常常是三年五載不歸。請看他的《寄遠十二首》之三：

瑤台有黃鶴，為報青樓人。朱顏凋落盡，白髮一何新。自知未應還，離居經三春。桃李今若為？當窗發光彩。莫使香風飄，留與紅芳待。

這是李白出遊在外，寄給他的許氏夫人的。他一離家就是三年不歸，即使自己容顏蒼老，白髮新添，還沒有歸意，只是要求妻子要愛惜、保護窗前的桃李，等他有朝一日回家時欣賞。

這還是少年夫妻時代，就不以妻室家庭爲念，說明他要求妻子的，只是看好家，養育好兒女，其他都是次要的。

還有離家更長的時候。其《久別離》云：

別來幾春未還家？玉窗五見櫻桃花。

這就是說，李白在外遊蕩，已經五年沒有回家了。他既不是牽於宦途，也不是迫於生計，怎麼一走就是五年不歸呢？這不是明顯地將妻子看作守家人，而將情愛拋灑給異地女子嗎？可妻子對他卻是一片痴情，儘管腸斷心絕，還是年年寄書催他回家，耐心等待：

至此腸斷彼心絕，雲鬟綠鬢罷梳結，愁如回飆亂白雪。去年寄書報陽台，今年寄書重相催，東風兮東風，為我吹行雲使西來。待來竟不來，落花寂寂委青苔。

從這裡看出，李白離家後，絕少與家中的妻子聯繫。情緒好時還寄首詩，寫封信；情緒不好時，片言隻語都懶得往家裡捎，好像從來就沒有家一樣。他的家庭觀念淡薄到如此程度，能不讓家中的妻子寒心嗎？

曾爲鄰女動心

愛上了東魯

李白自來到東魯不久，即發現東魯確爲美不勝收之地，而深深地愛上了它。

魯酒是美的：

蘭陵美酒鬱金香，玉碗盛來琥珀光。

汶水裡的魚是美的：

魯酒若琥珀，汶魚紫錦鱗。

魯縞更是天下無雙：

魯縞如白煙，五縑不成束。

魯女不僅勤勞，而且美麗：

鳴機應秋節，艷色驚荷葩。

對於這一切，李白都想一一品味。於酒自然不客氣：

但使主人能醉客，不知何處是他鄉。

對魚也是垂涎欲滴：

呼兒拂機霜邊揮，紅肥花落白雪霏。
為君下箸一餐飽，醉著金鞍上馬歸。

對魯縞曾當作最貴重禮品送人：

臨行贈貧交，一尺重山岳。

愛上了鄰家姑娘

對魯女也曾愛過，不僅曾娶魯地婦人爲妻，也還曾對漂亮的鄰家姑娘傾以相思之情。這裡有他的詩爲證，詩題即爲《咏鄰女東窗海石榴》：

魯女東窗下，海榴世所稀。珊瑚映綠水，未足比光輝。清香隨風發，落日好鳥歸。願為東南枝，低舉拂羅衣。無由一攀折，引領望金扉。

此詩顯然是借花寫人，寫東魯的鄰家女子就像她的東窗下的石榴花那樣鮮艷奪目，秀色可掬，因而愛慕不已。有心結秦晉之好，不知對方有無歸屬；如果派人打聽，顯得冒昧；如果慢慢地讓其自然顯露，又頗費時日。眞可謂愛煞人，羨煞人，又急煞人也。正在進退維谷，左右爲難之時，便憑自己的特長，寫下了這首詩表白心情。

如果我們不必爲名人諱，還可以進一步設想，此詩就是李白向這位鄰家姑娘的求愛詩，或者調情詩，就像元稹《鶯鶯傳》中張生挑逗勾引鶯鶯所寫的春詞差不多。你看這「願爲東南枝，低舉拂羅衣」，不就是求愛的語言嗎？意思就是說，我願意變成你窗下那棵石榴樹的一根枝條，低低舉起，掃拂你的羅衣。這不跟現代一首民歌中所唱的「我願變一隻小羊，偎在你身邊，每天看著你那細細的皮鞭輕輕地抽在我身上」，有異曲同工之妙嗎？

這「無由一攀折，引領望金扉」，不就是對這位鄰家姑娘的一種試探嗎？字面上雖然只是說，這美麗的海石榴花，我沒有辦法折到一枝，只好伸長頸子乾望著你家漂亮的大門。言外之意不就是說，我雖然愛上了你，卻無法跟你接觸，只能乾望著；你若有心於我，能作一點表示嗎？

還可以設想，這首詩的傳遞方式，可能由其侍兒或侍女什麼的送上門去的；或許是乾脆從窗戶中直接扔過去，未被這位姑娘拾得，卻被她家中的其他成員拾去，以致還惹出一場麻煩來，都是可能的事。

憑著李白在婚戀方面的自由浪漫的態度，此種舉動在任何時候都可能發生，不管是婚前，還是婚後，還是幾次婚姻之間的間隙。因爲李白在婚戀問題上，與他對待其他問題一樣，都是從審美標準與感情需要來衡量其得失的，而不受社會道德和習俗的約束。

自有美妾隨行

人們對李白的家庭觀念何以如此薄，曾有過種種推測。大多數人認爲是李白爲了實現出仕與求仙兩大人生目標，使他難以顧及家庭。爲了求仕，必須到處返奔波，四海爲家，難以小家爲念；爲了求仙，他像孤雲野鶴，來無影，去無蹤，家庭怎能拴住他的手腳？

這自然有它的道理，這兩個難以實現，又不願捨棄的願望，確實耗去了他一生的時間與精力，當然要影響他的家庭與婚姻。但是李白絕不是那種爲了事業功名或宗教信仰而捨棄愛情的人。相反，作爲一個浪漫主義詩人，他比常人有著更爲豐富而熱烈的感情，其表現方式，也比常人激烈、奔放，容易觸發；但也容易消退，容易轉移。在愛情上同樣如此。

李白在家裡可能是一個多情的丈夫，這從他的幾次婚姻中，可以看得出來；但一離開家，就會是一個不忠實的丈夫。在家中他會將愛情全部獻給妻子，一離家就會把愛情全部獻給其他女人，而將妻子給忘得乾乾淨淨。如果這也可以算作婚外戀的話，那李白的婚外戀就是很多的，也是公開的。僅從其詩文中就可以看出這方面的種種痕跡。

他的《留別西河劉少府》一詩，就津津有味地寫到他帶著兩個小妾出遊的情景：

余亦如流萍，隨波樂休明。
自有兩少妾，雙騎駿馬行。
東山春酒綠，歸隱謝浮名。

此詩大約寫於李白被玄宗賜金還山，攆出長安不久，一來情緒不好，心無所歸；二來又可能面臨婚變，家庭破裂；三來玄宗所賜之金，尚未用完，手頭寬裕，於是買來一雙小妾伴他出遊，從她們那裡取得一點安慰與樂趣。

古代的官僚與名士蓄妾，本是常事，不過大都養在家中。像唐代另一位大詩人白居易就蓄有樊素與小蠻，一個善歌，一個善舞，他常誇耀「櫻桃樊素口，楊柳小蠻腰」，一時傳為佳話。

可李白與別人不一樣，由於常年漫遊在外，居無定所，所以蓄妾不蓄在家中，而蓄在身邊，而且讓她們著意打扮，騎著駿馬，一左一右與自己並轡而行，多麼瀟灑，多麼風光，多麼浪漫。

有人會說，李白的這種浪漫行徑，可能是對現實不滿的一種消極反抗，藉以排憂解憤。這種推測之辭，不能說沒有道理。其實這也是李白的自由的家庭與婚姻觀的具體體現。他既然是將婚姻與愛情分開，家庭僅僅是自己的歇腳之處，調養之所，妻子僅僅是守家人與生育工具，自然要在外面另求新歡，以解性愛的飢渴。李白的蓄妾伴遊，就是在這種觀念指導下產生的，只是他別出心裁，花樣翻新而已。

攜妓學謝安

李白對魏晉名士是極爲仰慕的，尤其是對謝安，可謂崇拜得五體投地，常常引以自比。謝安曾於會稽上虞縣的東山隱居，優遊山林六、七年，朝廷每次徵召，他都不出，最終還是棄隱出仕，建功立業。對此李白最爲欽羡：

安石在東山，無心濟天下。
一起振橫流，功成復瀟灑。

就是謝安的生活方式，也是李白的學習榜樣，攜妓就是一端。所謂攜妓，就是隨時攜帶妓女遊樂，讓妓女們陪遊，陪酒，陪睡，一陪到底。謝安在隱居期間，就在東山闢有薔薇洞，蓄有不少妓女，每有遊賞宴樂，必攜他們同行。在現代，這自然是違法的；在古代不僅合法，而且被視爲一種高雅別致的享樂。李白對謝安的攜就特感興趣，只要手中有錢，總是樂此不疲的。

魏顥在《李翰林集序》就毫不隱晦地說：「間攜昭陽、金陵之妓，跡類康樂，世號李東山，駿馬美妾，所適二千石郊迎。」李白在自己的詩中也總是津津樂道的，絲毫不覺得有什麼麼不對。

有時李白以謝安的攜妓來比自己的攜妓：

我今攜謝妓，長嘯謝人群。

* * *

謝公自有東山妓，金屛笑坐如花人。

* * *

謝公正要東山妓，攜手林泉處處行。

這些都明確標示，他的攜妓是從謝安那裡學來的。有時還表現出青出於藍而勝於藍的得意神情：

攜妓東土山，悵然悲謝安。我妓今朝如花月，他妓古墳荒草寒。

＊ ＊ ＊

安石東山三十春，傲然攜妓出風塵。樓中見我金陵子，何似陽台雲雨人？

從某種意義上講，李白的攜妓，確實要比當年謝安來得開放，來得浪漫。攜妓的時間遠比謝安的六、七年長得多，地點更不像謝安只有東山一處。人數與姿色自然也有謝安自愧弗如的地方。

對李白的攜妓，前人解釋爲政治上失意後的一種自昏自穢，用現代的話說，就是一種自暴自棄，自甘墮落的行爲。一個人在遭到挫折後，不思進取，只好從女人身上尋求安慰。從李白常將攜妓與歸隱聯繫起來看，這種解釋確實站得住腳，但不是唯一的原因。

其實李白本人不會將攜妓看作是昏是穢，而是將它看作是一種任性，一種享受，一種對婚姻的一種補充。請看他對這種冶遊生活的赤裸裸的描寫：

蒲萄酒，金巨羅，吳姬十五細馬馱。
青黛畫眉紅錦靴，道字不正嬌唱歌。
玳瑁筵中懷裡醉，芙蓉帳裡奈君何！

苦學篇

在世人眼中，尤其是古人眼中，一切天才，彷佛都如字面上所標示的那樣，都是天成之才。他們的超群才華不是自己造就的，而是上天在他們生下來之前就已經在他們體內注射進去了某種智慧源；甚至於說他們原本就不是凡人，而是天上的什麼星宿或神仙。翻開二十四史，我們不難發現，凡是傑出的歷史人物，幾乎都有一段出生時的神奇傳說，以證明他們不是凡胎中生出的凡人。李白也不例外。

《新唐書》的李白就說：「白之生，母夢長庚星，因以命之。」這就是說，李白的母親晚上夢到長庚星進入她的懷中，於是就生下李白。長康星，就是金星，又稱明星。它在黎明時出現於東方，叫它啓明星；傍晚時出現於西方，就叫長庚星。它是全天空最亮的星，光色銀白，故又稱太白。所以李白就名白，字太白。

從李白此一降生時的傳說與命名的由來，就足以證明人們要將李白神化，說他是天上最亮的太白星轉世，自然不是凡人。

後來又傳說，李白少年時，曾經夢見自己所使用的筆頭上，實然生出鮮花來，所以後來寫出的詩文溢采流光。

這些都是爲了說明李白的超人才華是上天賦與的，他有神靈在暗中祐護和幫助，所以成了我國古往今來詩壇上最耀眼的明星。

對李白這樣的神化，一概譏之爲迷信，恐怕也不大公允。因爲這裡面包含著世人對他的崇敬與愛戴，彷彿只有這樣，才能解釋他何以能寫出這麼多，這麼好的詩篇來，何以能不憑政績，不憑戰功，只憑一支筆，就能成爲我們民族的靈魂與驕傲。

其實李白之所以成爲「詩仙」，並不是單靠天賦，也是通過勤奮得來的。他的成功祕訣、與常人沒有兩樣，這就是天賦加勤奮。

極高的天賦，只有在勤奮的沃土中，才能成長爲天才；沒有勤奮的天賦，只能逐漸退化與消失，等於不曾有過天賦。勤奮也只有在天賦的基礎上，才能成爲天才；沒有天賦的勤奮，只能超越自我，不可能成爲天才。

李白的天賦，自然無人置疑；李白的勤奮，卻不太爲人所知。下面就說說李白這方面的事。

幼而好學

幼而好學者，
如日出之光，
金光燦爛。

磨針的啓示

據說李白小時候，被父親安置在家鄉附近的象耳山上讀書。時間一久，不免擋不住萬紫千紅的山間野外景物的誘惑而貪玩起來，以致連書也不想讀了，便一個人溜下山來準備跑回家去。

當他跨過一條小溪的時候，忽然遇到一個老婆婆正在溪邊磨一根鐵杵，也就是一根鐵棒。李白感到奇怪，便向前問那老婆婆：

「請問您磨那東西作什麼用？」

那婆婆認眞地說：「將它磨成一根針。」

李白更是吃驚，便又問道：「這麼粗的一根鐵棒，要磨成一根針，可能嗎？」

那婆婆一邊磨針一邊不慌不忙地答道：「怎麼不可能。只要功夫深，鐵杵就能磨成針。這跟你們讀書是一個道理，你們不是也要讀上個十年二十年才能成才，才有出息嗎？」

那婆婆這幾句話，雖是輕言細語說的，李白聽後心裡卻很沉重，就像那根鐵棒敲在他的心上一樣。這個婆婆這麼大歲數了，尚且不怕艱辛要把鐵杵磨成針，我年紀這麼小，卻怕苦怕累，心猿意馬，不認眞讀書，要逃學。這能成什麼事，成什麼才呢？這樣回去有什麼臉面見父母呢？心中一陣慚愧，便低著頭一口氣跑回了象耳山，埋頭讀書去了。

此後凡略感倦怠，無心讀書的時候，他便想到那婆婆磨針的情景和她那樂句樸素而發人深思，催人上進的話，從中汲取了無窮的力量。

後人爲了紀念這個有教育意義的地方，就將象身山下的那條小溪改名爲磨針溪。這個老婆婆曾說她姓武，便又將溪邊的一堵大岩石命名爲武氏岩。

這個故事自然是後人爲教育子孫而編出來的。哪有這麼一個傻婆婆，用鐵棒去磨針；萬一要磨，用鐵釘、鐵絲什麼的，豈不省事多了。她磨針不是爲了實用，而是磨練自己的意志與恆心。這跟愚公移山的故事一樣，不在於事情的有無，而在於它體驗的「有志者事竟成」的教育意義。李白小小的年紀就從這婆婆的行動與言語中領悟到這種啓示，並立即改正自己不專心學習的毛病。這種悟性本身，也就是一種天賦，如果頑愚不化，再怎麼啓示，也是無濟於事的。

這個故事雖是虛構，卻也符合李白的實際。從李白的一生曠放不羈，盤遊四方的習性看來，小時候愛動、貪玩，大概是很可能的。從李白一生的追求與成就看來，又非有一番艱苦的磨練與學習不可。這個故事就將這兩者統一起來，既合理，又形象，還有廣泛的意義。這實在不應該說這故事爲無稽之談，而是後人在李白的成才史上善意的補添一筆，既不離譜，又可警示後人。

三擬《文選》

我國是重傳統、講師承的國家，從治國安邦，修身齊家，到求學習藝，無不如此。就說寫詩作文吧，除了熟讀、背誦前人的作品外，尙有一種擬古的傳統。

所謂擬古就是模擬古人作品的內容、形式與風格。作爲一種創作方向，自然不能提倡，因爲它沒有創造性，缺乏求新意識，如果不是出於某種特殊需要，任何擬古作品都是沒有生氣的假古董。然而作爲學習方法，卻是行之有效的。這跟初學書者總是從臨摹開始一樣，初習詩文者也可以從模擬古人的作品中得到提高。哪怕是天賦極高的人，也沒有不從模擬開始的。天才如李白者，就經歷過一個艱苦的模擬過程，尤其是在少年時代。

據段成式的《酉陽雜俎》記載，李白曾經照《文選》所選的詩文，逐一模擬，前後共模擬了三遍，稍不如意就燒掉，後來只留下《恨賦》與《別賦》兩篇，現在《別賦》也已散失，只留得《恨賦》一篇。

我們知道，《文選》共三十卷，收錄作家一百三十家，作品五百一十四題，文體三十七類。對如此不同時代，不同風格，不同文體的五百多題的詩賦文章，從頭到尾，逐一擬寫三遍，而且稍不如意，即焚燬重作，那眞是要「書禿乾兔毫，詩裁兩牛腰」了。

李白的這種學習方法，是當時學寫詩文的最普通的方法。因爲自蕭統編選的《文選》問世以來，就成了我國一部流行很廣的文學範本，一直沿用了一千多年。唐代是最爲盛行的時代，無論課內外，教師教的，學生學的，《文選》幾乎成了唯一的教材。所以初習詩文者模擬《文選》中的作品是極爲普遍的現象。不過像李白下那麼大的功夫，卻不多見。那該要花多少時間，多少精力，要有多麼大的恆心啊。從現在僅存的《擬恨賦》看來，雖不能超越江淹的原作，文辭還是粲然可觀的。

我們只知道「李白斗酒詩百篇」，酒去詩來，如泉湧，如浪生。彷彿李白就是一部以酒爲原料的造詩機。其實他從小時候起，在讀書求知與練習寫作上，所付出的時間，所受到的磨練，並不比常人少，只有比常人多。

古人說：幼而好學者，如日出之光，金光燦爛。一切成就與美好前程都在等著他，只要堅持不懈，持之以恆，就可能成爲出類拔萃的人物。李白後來在詩歌創作上的登峰造極，就與他的幼而好學密不可分。

讀書消愁

青蠅易相點，《白雪》難同調。
本是疏散人，屢貽褊促消。

人們只知道李白常常借酒消愁，卻不大知道李白還借讀書來解憂。這裡略說一二。

翰林院探古勾玄

李白在翰林院供職期間，由於才華超群，而又鋒芒畢露，難免遭到別人的嫉妒，即如他本人說的「時人見我恆殊調，見余大言皆冷笑」。他曾用這樣的詩句來形容他的處境：

青蠅易相點，《白雪》難同調。
本是疏散人，屢貽褊促消。

意思是說，我周圍的人就像蒼蠅一樣，污白為黑，污黑為白，撥弄是非，顛倒事實；我這個正直高傲的人，在這群人中自然沒有知心朋友，就像《陽春》、《白雪》這些高雅的歌曲，難以找到知音一樣。我本是一個散漫慣了的人，不願意與那些器量狹小、眼光短淺的人同流合污，所以屢屢招來他們的譏笑。

如此他與翰林院的同事的關係就不融洽，甚至有點緊張，平時與他們不會有什麼往來。所以每當沒有什麼具體差事，又必須在翰林院待著的時候，就感到十分寂寞與孤獨，度日如年。

每當此時，李白可能悄悄地溜出去喝酒，甚至醉卧酒家，但那也並非天天如此，要不然這翰林院就不成其爲莊嚴肅穆的待詔之所，而是類似於今日的行業協會，或者是鬆散的民間組織了。還有更多的時間，李白便用來讀書，從讀書中尋找樂趣；那些煩心的事與緊張的人事關係，也就逐漸淡忘了。

據李白自己介紹，他在翰林院的每一天都是這樣度過的：

> 晨趨紫禁中，夕待金門詔。
> 觀書散遺帙，探古窮至妙。
> 片言苟會心，掩卷忽而笑。

這裡明明白白地說他清早起來，就匆匆忙忙趕到宮中，一直到傍晚都在等待皇上的差遣或諮詢。在長時間的等待中，他不與別人扯淡聊天，下棋啜茗，而是埋頭讀書。他解散古書的函封，仔細閱讀，探究古人成敗的奧妙，諸如周公輔成王，張良佐漢高，諸葛亮盡忠西蜀，魏徵報效大唐等，無不探幽勾玄。如果有幾句話說到自己的心坎上，悟出了其中的奧妙，或拍案驚奇，或掩卷而笑，而不管有無人在旁，不管旁人對自己有什麼看法。

從讀書中尋求知識與眞理，以充實提高自己；從讀書中尋找樂趣與安慰，以排除煩惱憂愁，是歷史上很多仁人志士的修身礪志之道。不過像李白於供職之時，見縫插針式的讀書，卻不常見。

獄中猶讀《留侯傳》

自李白因誤上永王璘的樓船，而被投入潯陽監獄以來，尤其是在釋放二月有餘，重又被抓回監獄之後，精神幾乎全部崩潰。

又過了幾個月，長安與洛陽收復了，肅宗與玄宗返駕長安。爲了慶祝這個勝利，肅宗下詔，普天同慶，賜酺五日。所謂賜酺，就是朝廷特許臣民聚餐會飲，以示歡慶。因爲自秦漢以來，朝廷曾明文規定，三人以上不得聚飲，若不聽勸告，就要罰款。如遇慶典，則允許在規定期限內聚飲。可是在押或服刑的犯人，不在這種特許之內。當時李白身陷監獄，並已經判定流放夜郎，自然就享受不到這五日的聚飲了。

爲此李白特別傷心，這倒不是爲了這五日的痛飲，而是意味著一種政治待遇與權利的喪失，等於現在所說的被剝奪了公民權。這對於一個並未完全放棄功名仕進的人來說，再沒有比這個更厲害的打擊了。所以當時的李白，時而仰天痛哭，時而低頭暗泣，欲歌無聲，欲哭無淚。

對於這樣的愁恨與痛苦，李白自然想到用酒來解除，大概是無濟於事，於是又想到用讀書消愁了。

這樣就找來司馬遷的《史記》。其中對於《留侯傳》特感興趣，可謂愛不釋手。讀著讀著，憂愁不見了，心胸開闊了，從張良身上他學得了很多東西。

張良作爲漢初的謀臣，雖然沒有做過一天的丞相，而他的功績，卻要居於漢初三傑（張良、韓信、蕭何）之首。他總是在關鍵時刻爲劉邦出謀劃策，轉危爲安，所以劉邦每稱讚功臣，總是首先提到他。劉邦最喜歡侮罵人，疑忌人，韓信、黥布、酈食其等人，無不受到他謾罵和猜忌，只有對張良自始至終不敢失禮，也從沒有產生疑心。

為什麼張良能有如此業績，能得到人主的如此信任呢，主要是他沒有什麼私心，無田宅之好，無聲色之嗜，經營天下無個人目的，自然不受任何蒙蔽，決策不受影響。這使李白欽佩不已，認為大丈夫經邦濟世就應如此。

還有張良的功成身退，也是李白平日最感興趣的。他可以作這樣的對比：漢初的三傑，韓信與蕭何是功成身不退，履盛而不止者，結果如何呢？韓信終被殺頭滅族，蕭何雖位至丞相，然亦不免被劉邦懷疑，曾將其投入監獄。張良懂得在事業的頂峰上，激流勇退，而去學道求仙，從赤松子遊，而得以安享天年。這不就說明功成身退是最明智的抉擇嗎？

至於張良由一個剛強好勝、心中藏不住事的少年，成長為忍小忿而就大謀的老謀深算的大謀士，就更值得李白揣摹了。對照張良的以柔克剛，以忍讓成就大事，李白自忖沒有這種氣度。他只知抗爭，以牙還牙，而知忍耐也是一種鬥爭手段，甚至是比面對面的較量更為厲害的手段。李白在人生的重要關口，吃不能忍的虧是夠多的了，如果有一點張良的手段，前不至於被擠出長安，後不至於身陷監獄，長流夜郎了。

吸吮民歌乳汁

民歌是詩歌的源頭，每一個有成就的詩人，無不從這種民間的集體創作中吸取營養，豐富自己，提高自己。李白對於民歌，尤為酷愛，曾不知疲倦地學習仿效漢魏六朝的樂府民歌。李白的近千首存詩中，就有一百五十來首直接以樂府古題為名的詩，一般就稱這些詩為擬樂府。李白花在這方面的時間與精力是無法統計的，自然他得到的回報也是難以估量的。

《楊叛兒》

據《舊唐書·音樂志》所載，《楊叛兒》這樂府古題還有一題來歷。傳說南朝齊代的隆昌年間，有一個姓楊的女巫來到宮中供事，同時把兒子也帶了進去。她的兒子叫楊旻，進宮時還小，長大後成了一個英俊的美男子，得到了何皇后的寵愛，也就是成了何皇后的情人。當時就有童謠說：「楊婆兒，共戲來所歡。」在流傳過程中，誤將「婆」念成「叛」，這楊婆兒，就成了「楊叛兒」。

由於這個傳說，涉及到一個異乎尋常的愛情故事，所以當時的京都建康（即金陵，今南京市）一帶就有《楊叛兒》的民歌產生。郭茂倩的《樂府詩集》就收有《楊叛兒》爲題的民歌八首。其中最有意味的一首是這樣寫的：

暫出白門前，楊柳可藏烏。
歡作沉水香，儂作博山爐。

這是一首女子向男子大膽表白愛情的一首情歌，意思是說白門（當時京都建康的西門）外那一排排楊樹上藏上幾隻烏鴉，誰也看不見，我們躲到僻靜處去幽會，誰又能發現。我們的柔情蜜意，如膠似漆，就好像香料離不開香爐一樣。那麼歡（你，我的心上人）就是那名貴的沉水香，我就是那名貴的博山香爐了。

這首小歌，當然不失爲一首深情而熱烈的民歌，李白深深地爲它的巧妙的比喻和隱語所打動，同時又覺得它轉彎太多，含蓄過甚，意境不甚鮮明，於是也擬作一首，略加敷衍，將二十字改寫爲四十四字。詩曰：

君歌楊叛兒，妾勸新豐酒。
何許最關人？烏啼白門柳。
烏啼隱楊花，君醉留妾家。
博山爐中沉香火，雙煙一氣凌紫霞。

詩中設想一對戀人，正在女家歡會。男方正在哼著《楊叛兒》的情歌，向女方表示愛慕之心；女方則頻頻向男方勸以新豐產的美酒。當酒酣情濃之時，女方大膽地表白：這歡歌酣飲只是我們的談情說愛，互訴衷腸；最激動人心的時刻，還是我們暗中的幽會，就像烏鴉藏進楊柳樹的繁枝密葉中一樣，不被人發現，任我們恣情歡愛。現在你盡情地唱吧，喝吧，喝醉了就留在我家中過夜吧。那我們的情愛就像博山爐焚香。你我就是這香爐中的兩股香煙，繚繞上升，化作一氣，直逼玄霞，達到至妙至高的境界。

從詩中的「君醒留妾家」看來，這對男女自然不是一對夫妻，不然就沒有留不留的問題。他們是自由結合的私戀，至於他們是違抗父母之命，媒妁之言的未婚男女，還是各有所屬的婚外戀，那就無從深究了。但他們已經越出了「發乎情，止乎禮義」的禮教約束，大膽追求自主自由的愛情是無疑的。這既是原作的精神，也與李白的婚戀觀吻合。

此詩在藝術上就有所發展和創造了。它不僅傳出了原作的妙處，將沉水香與博山爐的比喻用得恰到好處，使楊柳藏烏的隱語顯豁化，而且爲男女談情說愛，設置了一種具體的場面和氛圍，使形象更加鮮明，感情更加熾熱。這就是模仿中的藝術再創造。

《子夜吳歌》

《楊叛兒》是李白就樂府古辭的原意加以模仿、改造而成的，是一種翻新改舊。李白還有一種擬樂府詩，只是沿用古樂府的題目及其手法，而在內容上則是直接反映現實生活，有點像舊瓶裝新酒。其《子夜吳歌》。時間一長，就有變種產生，《子夜時歌》就是如此。

在六朝時代，曾經有一種名爲《子夜歌》的民歌廣爲流行。相傳爲晉時名叫子夜的女子所創，所以就得來這個名稱。由於主要是在吳地流行，所以又稱爲《子夜吳歌》。時間一長，就有變種產生，《子夜四時歌》就是《子夜歌》的一個變種。

《子夜四時歌》原分春歌、夏歌、秋歌、冬歌。每一季的歌，隨著節候的變化，情緒上也略有不同，但其主調仍然離不開女子思念情人。李白擬作的《秋歌》與《冬歌》雖然仍不出女子相思的範圍，寫的卻是徵人婦的相思。那是頻繁的戰爭造成的，從而有著較強的社會意義。詩是這樣寫的：

長空一片月，萬戶搗衣聲。
秋風吹不盡，總是玉關情。
何日平胡虜，良人罷遠徵。

——《秋歌》

明朝驛使發，一夜絮征袍。
素手抽針冷，那堪把剪刀。
裁縫寄遠道，幾日到臨洮。

——《冬歌》

《秋歌》首先點明秋天特有的景色——秋月高照，使思婦見月懷人；再點出秋天特有的聲音——製作寒衣的搗衣聲，使思婦聽聲懷人；再寫到不停息的秋風直接撩撥思婦的愁緒。這秋月、秋聲與秋風渾然融合成一股強烈的「玉關情」，也就是對遠在玉門關外的丈夫的思念之情。最後兩句寫這位思婦由於相思之極而希望停止戰爭，免去征戍之事，使普天下的男男女女過著和平幸福的生活，從而大大深化了主題。

《冬歌》則寫一個女子在一個寒冷的冬夜，爲丈夫趕製寒衣，明日早晨好讓驛使捎到丈夫所在的臨洮去。這位思婦的緊張勞作與急切心情，反映了她對丈夫的深深的思念，以及對戰爭所作出的犧牲，令人同情，也令人尊敬。

從當年唐玄宗好大喜功，輕啓邊釁，以致戰爭不斷看來，這「玉關情」就不是泛泛而言，而是體現了當時天下百姓普遍的一種厭戰情緒，其中也隱含著李白對玄宗窮兵黷武政策的委婉的批評。

像這樣借鑒六朝民歌的那種明快的風格，纏綿的情致，以及短小的形式，塑造出鮮明的思婦形象，揭示出當時牽動人心的社會問題，就是李白認眞學習民歌而超越民歌的地方。

《長干行》

如果說《子夜吳歌》，是李白利用古樂府形式，抒寫現實題材的成功例子的話，那麼他的《長干行》就是博採各代各地，各式各體的樂府民歌之所長，綜合各種各樣的民歌手法而創作出的一首清新純眞的大放異彩的愛情詩。這自然是一種更高級的青出於藍而勝於藍的模仿與學習，同時也使自己的作品走向成熟，走向頂峰。詩較長，卻是珍品，値得我們從頭到尾讀一遍。

妾髮初覆額，折花門前劇。郎騎竹馬來，繞床弄青梅。同居長干里，兩小無嫌猜。十四為君婦，羞顏未嘗開。低頭向暗壁，千喚不一回。十五始展眉，願同塵與灰。常存抱柱信，豈上望夫台。十六君遠行，瞿塘灩澦堆。五月不可觸，猿聲天上哀。門前舊形跡，一一生綠笞。苔深不能掃，落葉秋風早。八月蝴蝶來，雙飛西園草。感此傷妾心，坐愁紅顏老，早晚下三巴，預將書報家。相迎不道遠，直至長風沙。

長干是金陵一個里巷的名稱，自古吏民雜居，熱鬧非凡，市民氣息較濃。這樣的地方，也往往就是民歌，尤其是情歌的搖籃，所以不斷有清新有味，百聽不厭的民歌從這裡傳出，當時就稱它們爲《長干曲》。可惜保存下來的《長干曲》古辭僅有一首。那就是：

逆浪故相邀，菱舟不怕搖。
妾家揚子住，便弄廣陵潮。

看來這女主人公是一個習水性的漁家女，或是採蓮姑娘，因爲她是一個人划著小船去赴男友的邀約的，即使風急浪高也不在乎。她對於愛情的追求，是那麼熱烈、勇敢而潑辣。

爲此崔顥的幾首擬作，也是以江南水鄉爲背景的：

君家何處住，妾住在横塘。
停舟暫借問，或恐是同鄉。

* * *

家臨九江水，來去九江側。
同是長干人，生小不相識。

崔顥的這兩首，自然也深得古辭的神韻。這對青年男女之間的情思綿綿的對答，意味著互相發出求愛的信號，各令對方神魂搖曳，不失爲佳作。但仍未脫離古辭的形式與格調，仍屬模擬。

李白的這首《長干行》卻不一樣。他只是以長干女子的婚戀爲題材，衍化出一個家住長干里的商人妻子的愛情史，塑造出一個天眞純樸，渴望與丈夫朝夕相伴，過著甜蜜的愛情生活的商婦形象。從內容到形式都脫離了古辭，篇幅擴大了七、八倍。

在藝術手法上也不拘泥於古辭，而調動了樂府民歌的多種手法。如詩中以年齡的增長標記商婦的愛情生活的發展階段，就襲用了《孔雀東南飛》與《陌上桑》的手法。其風格的明快淸麗，纏綿婉轉，無疑又是受了《吳聲》、《西曲》等樂府民歌的影響。因此可以說，這首《長干行》是李白在學習民歌上的含英咀華、推陳出新之作，是千古傳誦的名篇。

此詩的甘甜醇美，我們現在可以咀嚼體味，可是李白在創作過程中的艱辛苦澀，誰又能知其萬一？

失敗的痕跡

任何學習與創造都有失敗的時候，成功也就是建築在失敗的基礎上，天才也不例外，只是失敗的次數要比常人少一點而已。李白在模擬、學習樂府民歌上，就有失敗的例子，那就是對於漢樂府《陌上桑》的模擬。請看他的擬作：

美女渭橋東，春還事蠶作。五馬如飛龍，青絲結金絡。不知誰家子，調笑來相謔。妾本秦羅敷，玉顏艷名都。綠條映素手，採桑向城隅。使君且不顧，況復論秋胡。寒螿愛碧草，鳴鳳棲青梧。託心自有處，但怪旁人愚。徒令白日暮，高駕空踟躕。

只要將此詩與《陌上桑》的樂府古辭比較一下，就會發現無論哪一方面，都遠不如古辭。此詩只是將古辭的故事情節，用一般化的語言複述了一遍，而將古辭中對羅敷的美貌的動人描寫，一概捨棄；將羅敷應付使君的狡黠的言辭、手段與細節，也一概忽略。也就是說，女主人公羅敷的美麗與智慧這些最閃光的東西，以及全詩的喜劇色彩，全部被割棄了。剩下的，只是羅敷拒絕使君的調戲與引誘的基本框架，無血無肉，乾癟枯燥。一個鮮活可愛的羅敷形象就這樣變成了一個封建倫理道德的說教者。因此嚴格說來，此詩談不上是漢樂府《陌上桑》的擬作，而是它的故事梗概。

這首樂府詩，在李白的全部詩歌中，自然只能算作平庸的失敗的作品。但從這種失敗中，使我們看到了李白學習民歌的艱苦的歷程，同樣給了我們深刻的啓示。從這一點著眼，此詩也不失爲一種遺產。

仿學前人詩

看朱成碧思紛紛，顦顇支離為憶君。
不信比來長下淚，開箱驗取石榴裙。

——李白

石榴裙與明鏡前

李白的《長相思》是年輕時的作品，寫一個征人的妻子思念遠在邊疆的丈夫：

日色欲盡花含煙，月明如素愁不眠。趙瑟初停鳳凰柱，蜀琴欲奏鴛鴦弦。此曲有意無人傳，願隨春風寄燕然。憶君迢迢隔青天。昔時橫波目，今作流淚泉。不信妾腸斷，歸來看取明鏡前。

詩中寫這位思婦在一個月光皎潔的春夜，獨坐鳴琴，藉月光與琴聲，抒發難以忍耐的思夫之情，聲情並茂，著實感人。

據說詩剛剛寫成，不意被站在書案邊的許氏夫人看到了，而且提出了意見。她指著最後兩句道：「不知先生看過本朝則天皇后的《如意娘》一詩沒有，它不是這樣寫的嗎：

看朱成碧思紛紛，顦顇支離為憶君。
不信比來長下淚，開箱驗取石榴裙。

你這最後兩句與她的後兩句，不是很相似嗎？」

李白當時感到爽然自失，也就說感到茫茫然，不知道如何回答才好。說是相同吧又不同，因爲一個要看石榴裙，一個要看明鏡前；說是不同吧又相同，都是爲了證明眼淚流得很多，痕跡猶在。還是夫人說的「相似」很恰當。

這種相似，自然不是抄襲。一種藝術手法的學習與借鑒，在任何文學藝術的創作中都是難免的。李白此詩襲用武則天的表現手法，不管是有意還是無意，都是允許的。如果前人用過的藝術手法都不能用，唯陳法之務去，文學就不能發展到今天，早已斷了香火。所以當時李白實在不應該爽然若失，感到難爲情。而應該感到欣慰和驕傲，因爲他的夫人到底不愧爲相門之女，居然也能看到此中奧妙，看到他在詩歌創作的博採衆長的學習精神。要知道，沒有這種借鑒仿效，就不可能有李白的獨創。

朱唇動與發皓齒

其實許氏夫人所見到並指出的李白的《長相思》與武則天的《如意娘》有相似之處，還只是藝術手法的模仿，殊不知李白模仿前人作品還有更明顯，更直接，連結構、句意和辭語都在模仿之列的。像李白的《白紵辭》第一首，就是完全模仿鮑照的《代白紵辭》第一首。

李詩云：

揚清歌，發皓齒，北方佳人東鄰子。
且吟《白紵》停《綠水》，長袖拂面為君起。
寒雲夜捲霜海空，胡風吹天飄塞鴻，玉顏滿堂樂未終。

鮑詩云：

朱唇動，素腕舉，洛陽少年邯鄲女。古稱《綠水》今《白紵》，催弦急管為君舞。窮秋九月荷葉黃，北風吹雁天雨霜，夜長酒多樂未央。

只要將這兩首詩粗略地對照一下，就會發現無處不像，簡直就是一對「雙胞胎」。如果發生在現代，肯定有人要狀告李白抄襲別人的作品。在李白筆下怎麼會出現這種現象呢？

李白二十五歲即「仗劍去國，辭親遠遊」，在江陵、洞庭湖一帶繞了一圈後，便來到金陵。金陵自六朝以來就以經濟繁榮，文化發達著稱。作爲一個青年詩人，來到金陵以後，那些繁華的街市和衆多的名勝古蹟，自然會使他動心，更使他心醉神迷的是那裡的六朝樂府民歌的餘風遺韻。於是決意要在六朝樂府民歌的產生地向六朝民歌學習，要將這種天然清音融進自己的詩作中。所以這期間，李白寫了大量的擬樂府詩。

出於對六朝民歌的著迷，李白除了直接模擬以外，也注意向歷代學習民歌的成功者學習，從他們那裡吸取經驗。

南朝詩人鮑照學習漢魏樂府與當時的吳歌，西曲等民歌最有成就，他的擬樂府詩寫得既多且好，在文學史上很有影響。李白也就開始模擬鮑照的擬樂府詩，從中吸取模擬樂府民歌的經驗。開始免不了擬其形，其後逐漸擬其神。這首《白紵辭》就是李白年輕時求其形似的模擬之作。此後的擬鮑照之作，大都立意清新，風格俊逸，章法超忽變化，那就是得鮑照之神了。

看來，李白在學習民歌上是花了氣力，費了周折的，所取得的豐碩成果是用汗水澆灌出來的。

不恥學崔顥

昔人已乘黃鶴去，此地空餘黃鶴樓，黃鶴一去不復返，白雲千載空悠悠。晴川歷歷漢陽樹，芳草萋萋鸚鵡洲。日暮鄉關何處是，煙波江上使人愁。

——崔顥《黃鶴樓》

鳳凰台上鳳凰遊，鳳去樓空江自流。吳宮花草埋幽徑，晉代衣冠成古丘。三山半落青天外，三水中分白鷺洲。總為浮雲能蔽日，長安不見使人愁。

——李白《登金陵鳳凰台》

眼前有景道不得

不論古今，也不論中外，一個名人在其未成名前的任何方式的虛心向別人學習，都被視爲理所當然，不足爲奇；要是不虛心學習，那才是怪事。而當他成名以後，如果仍然是那麼虛心學習，甚至是向不如自己的人學習，那就要被視爲難能可貴。如果是一向心高氣傲的名人能如此，那就要被傳爲千古佳話了。李白就有這樣的佳話。

據說李白來到黃鶴樓，不免爲黃鶴樓的江山勝景所吸引，興致勃勃地想題詩一首留作紀念。剛準備援筆時，牆上一首署名爲崔顥的題詩，空然跳入他的眼簾。詩云：

昔人已乘黃鶴去，此地空餘黃鶴樓。
黃鶴一去不復返，白雲千載空悠悠。
晴川歷歷漢陽樹，芳草萋萋鸚鵡洲。

日暮鄉關何處是，煙波江上使人愁。

李白讀罷，不禁爲之讚嘆。它集登臨、覽勝、懷古、思鄉於一爐，由神話寫到現實，由風景寫到心情，縱橫交織，氣勢雄大，而又流利自然，一氣呵成，實爲神來之筆。

不過讚嘆之後，自己題詩的念頭也就打消了。他想，眼下自己只是被黃鶴樓的景色所動，寫出來的詩無論如何趕不上崔詩的豐厚博大。名樓題詩，自古就有爭高下的意味，既然明知寫不好，何必要往上寫，不是自損形象嗎？於是只得長嘆一聲道：「眼前有景道不得，崔顥有詩在上頭。」不作而罷。

前人多藉這個故事說明崔詩的高妙絕倫，無可超越，竟使李白斂手；而對於李白的服善精神卻說得不多。崔顥與李白是同時代人，崔顥年長一點。年輕時愛寫浮艷之作，爲此，李邕曾不讓他登門；而且有好賭、好色的惡名。其人其詩自然不能與李白相比。可李白並不因此而貶低崔顥這首詩，而且公開承認自己寫不出這樣的詩來。李白這種虛心、坦率和服善精神，歷史上恐怕是絕無僅有的。

何曾斂手

人們只知道李白曾被崔顥的《黃鶴樓》詩所折服，從而不敢在黃鶴樓題詩；卻不知道李白在折服之餘，並非眞正斂手，而在暗中仿效。不過他的仿作不是寫黃鶴樓，而是寫的站在黃鶴樓上可以盡收眼底的鸚鵡洲。

還是先看看李白的《鸚鵡洲》：

鸚鵡來過吳江水，江上洲傳鸚鵡名。
鸚鵡西飛隴山去，芳洲之樹何青青。
煙開蘭葉香風暖，岸夾桃花錦浪生。
遷客此時徒極目，長洲孤月向誰明？

試將這首詩與崔顥的《黃鶴樓》仔細比照一下，就可發現其模仿痕跡很重，相似之處甚多。

首聯都是寫名稱的由來。黃鶴樓由所在的黃鶴山得名，山的得很名是由於有仙人騎黃鶴來過此山。崔顥以「昔人已乘黃鶴去，此坡空餘黃鶴樓」開頭，就給黃鶴樓抹上了一層神話色彩。鸚鵡洲的得名，雖沒有黃鶴樓那樣帶點仙氣，卻也是頗有來歷的。東漢末年有一個年輕的名士叫禰衡，恃才傲物，不服管束。曹操想殺他，卻怕得惡名，於是將他推薦給劉表，劉又轉送給江夏太敎黃祖。禰衡來到江夏後，與黃祖的兒子黃射很要好。一次黃射在漢陽江心洲上大宴賓客，有一客人獻給他一隻鸚鵡，他非常高興，便命禰衡寫一篇《鸚鵡賦》以娛嘉賓。禰衡提筆一揮而就，辭采斐然，得到滿堂稱讚。後人便稱此洲爲鸚鵡洲。所以李白也就以「鸚鵡來過吳江水，江上洲傳鸚鵡名」開篇。

次聯，崔詩寫的是黃鶴一去不回，唯有白雲悠悠，飄忽千載，隱含著歲月不再，世事茫茫之慨；李詩同樣寫鸚鵡西飛回了他的隴山老家，只有洲上的花草樹木依然繁茂常青，同樣表現出時間的無情。

三聯，崔詩著意描寫黃鶴樓的望中景物，李詩同樣也是著意描寫鸚鵡洲上的美麗風光。

尾聯，崔詩抒發自己登高臨遠的淡淡鄉愁；李詩同樣寫自己極目長洲所產生的一個流放者的無可奈何的感嘆。

如此看來，李白的這首《鸚鵡洲》與崔顥的《黃鶴樓》絕不是無意的巧合，而是有意的仿效。在一般人看來，成就卓越的李白怎麼會去仿效一個同時代的不如自己的詩人的詩作呢？其實這也就正是李白之所以取得卓越成就的原因之一。

李白感情奔放，寫起詩來如天馬行空，情之所至，濺珠飛玉，略無阻礙。因而長於古體與樂府，於律詩總覺得是一種束縛。可是律詩究竟是新起的，頗爲流行的形式，標誌著詩體的新發展。作爲一個享有盛譽的詩人不善此體，終究是個缺憾。見到崔顥這樣好的律詩，佩服之餘暗中揣摹仿效，自也在情理之中。這就是對藝術的執著追求，欲罷不能。如果沒有這種永不滿足的，刻苦的追求，也就不可能有卓越的成就。

如果我們再注意一下末聯的「遷客」二字，就會對李白更生敬意。「遷客」者，遭貶斥放逐之人也。說明此詩寫於李白流放夜郎，途經江夏之時，那時他已經是五十八歲的人了。如此年齡，如此處境，尚留心於模仿他人之作，其苦學精神不是與他的詩歌一樣，值得萬古流傳嗎？

終於超越

說實在話，李白仿《黃鶴樓》而寫的《鸚鵡洲》，並不是成功之作。它限於結構與手法上的直接摹仿，追求形似，以致粘皮滯骨，沒有什麼新意，所以一直不大為人注意。這一點李白自己心裡清楚，但並不就此認輸。好勝之心，使他在重新登上金陵鳳凰台的時候，又一次產生了仿效崔顥，超越崔顥的想法，於是便認真地寫下了有名的《登金陵鳳凰台》一詩：

鳳凰台上鳳凰遊，鳳去台空江自流。
吳宮花草埋幽徑，晉代衣冠成古丘。
三山半落青天外，一水中分白鷺洲。
總為浮雲能蔽日，長安不見使人愁。

此詩雖然仍效崔顥《黃鶴樓》，但明眼人一看，就知道它已經趕上了崔詩，有幾處還有所超越。

崔詩的前四句，只是說仙人與黃鶴早已離開，樓台與白雲卻依然存在。律詩一共才八句，如此花了一半的篇幅來反覆說明這個意思實在有點鬆散，不大合算。李詩卻只用前二句便將這樣的意思說完：曾翔集於此山的鳳凰早已飛走，只留下一座空空的鳳凰台陪伴著濤聲依舊的江流。從而騰出三、四句來補寫金陵這一歷史名城的特點：東吳與東晉的宏偉宮殿與風流人物，都已變成了廢墟和古墳，撫今思昔，平添一層朝代興廢之感，從而加深了詩的內涵。

五、六句，仍效崔詩，用以寫登上鳳凰台所見到的特有風光：三山被雲霧遮去了一半，彷彿落到天外去了；白鷺洲將江水劈分爲二。由於視野的開闊，用語的俏皮，此聯的寫景又比崔詩略高一籌。

最後兩句，也仿崔詩抒發感慨，且同樣用「使人愁」三字結尾。崔詩的「煙波江上使人愁」，僅限於個人的鄉關之愁，而李詩的「長安不見使人愁」，卻是比喻朝廷奸臣當道，賢者不能進用，那就是家國之愁了，自然要比崔詩更有深意。

由此可以說，李白此詩在總體上已經超過了崔詩。但崔詩作於前，李詩仿於後，就創造性而言，崔詩自當領先。所以前人大多以爲這兩首詩「未易甲乙」，難分高下，評價還是比較公允的。

從這裡我們可以看出，李白的一再仿效崔詩，並不是要與崔顥爭什麼高下，全在於詩藝的探討與學習。只要有人在某一點上比自己強，就應該向他學習，直到學到手爲止。這就使我們領悟出這麼一個道理，那就是像李白這樣的天才，也必須依靠勤奮，也必須從一點一滴做起，也不能違背荀子所指出的學習規律：「不積跬步，無以致千里」，「不積小流，無以成江海」。

後記

對於李白，該說的都在前面說過了。這裡要說明的只是關於此書的寫作問題。

首先要說的，就是我只想寫出一個原原本本、實實在在的李白，無意於拔高他什麼，無意於隱諱他什麼，更無意於貶損他什麼。由於時間的阡隔，在這位古代的偉大詩人與現代的普通讀者之間，存在著一道無形的屏障。在一般人眼中，只覺得李白是一個千載獨步的天才，高不可攀，深不可測；要想仔細看一眼，卻是霧裡看花，朦朦朧朧，不眞不切。如果現在能夠將一個原模原樣、原汁原味的李白展現在讀者面前，讓他們看到李白的成功與失敗，優點與缺點，以及他的生活習性與七情六慾，不就可以消除這道屏障，縮短時代與心靈的距離，彼此貼近一些，乃至可以互相對話嗎？

其次要說的，就是談偉人與名人的人生，可以有各式各樣的談法，有議論式的，有格言式的，也有敘事式的。我採用的是後一種。一個人的處世原則、人生哲學，原本不是孤立的教條，而是貫徹在一生的立身行事之中。如能將這些體現人生哲學的生活實例與經歷和盤托出給大家，對其印象豈不更深刻一些？

以上就是我們寫作此冊子的基本想法與做法，至於能否達到目的，那就要由讀者來評判了。

最後要感謝葉忠賢先生與揚帆先生，如果沒有他們的約稿，也就沒有這本書的問世了。

謝楚發

乙亥秋於漢口花橋三村

國家圖書館出版品預行編目資料

李白的人生哲學：詩酒人生／謝楚發著．－－初版．
－－臺北市：揚智文化，1996〔民85〕
面；公分．－－（中國人生叢書；14）
ISBN 957－9272－53－0（平裝）

1．（唐）李白－傳記　　2．人生哲學

782.8415　　85002856

李白的人生哲學—詩酒人生　　中國人生叢書 14

作　　者☞謝楚發
出 版 者☞揚智文化事業股份有限公司
發 行 人☞葉忠賢
責任編輯☞賴筱彌
執行編輯☞賀　芹
登 記 證☞局版北市業字第 1117 號
地　　址☞台北市新生南路三段 88 號 5 樓之 6
電　　話☞(02)23660309　(02)23660313
傳　　真☞(02)23660310
郵政劃撥☞14534976
印　　刷☞偉勵彩色印刷股份有限公司
法律顧問☞北辰著作權事務所　蕭雄淋律師
初版二刷☞2000 年 1 月
定　　價☞新台幣 300 元
網　　址☞http://www.ycrc.com.tw
E-mail☞tn605547@ms6.tisnet.net.tw
I S B N☞957-9272-53-0

南區總經銷☞昱泓圖書有限公司
地　　址☞嘉義市通化四街 45 號
電　　話☞(05)231-1949　231-1572
傳　　真☞(05)231-1002